KB073775

어떻게

How did they become congressmen?

되었을까?

CampusMentor
캠퍼스멘토

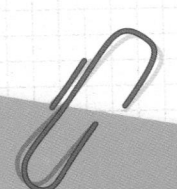

# " 도움을 주신 국회의원들을 소개합니다 "

## 송호창 의원

19대 의왕·과천지역구 국회의원
참여연대 경제개혁센터 부소장
대한변호사협회 인권위원회 위원
'민주사회를 위한 변호사모임' 사무차장
인하대학교 경제학과 졸업
부산 동고등학교 졸업

## 김상민 의원

제18대 대통령직 인수위원회 청년특별위원장
2012년 새누리당 대선 청년본부장
19대 새누리당 비례대표 국회의원
대학생 자원봉사단 'V원정대' 설립자
아주대학교 18대 총학생회장
아주대학교 사학과 졸업
수원 수성고등학교 졸업

## 이언주 의원

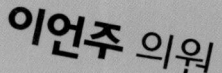
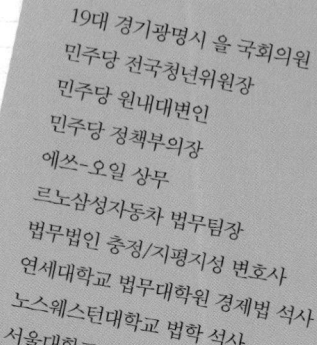

19대 경기광명시 을 국회의원
민주당 전국청년위원장
민주당 원내대변인
민주당 정책부의장
에쓰-오일 상무
르노삼성자동차 법무팀장
법무법인 충정/지평지성 변호사
연세대학교 법무대학원 경제법 석사
노스웨스턴대학교 법학 석사
서울대학교 불어불문학과(부전공:법학과) 졸업
부산 영도여자고등학교 졸업

## 이종훈 의원

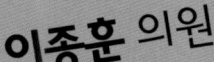

19대 경기 성남 분당갑 국회의원
새누리당 경제민주화 실천모임 간사 및 운영위원
새누리당 국제위원회 위원
새누리당 외교역량강화 특별위원회 위원
노사정 사회적 논의 촉진을 위한 소위원회 의원
명지대학교 경영학과 교수
한국개발연구원 KDI연구위원
코넬대학교 대학원 경제학 박사
서울대학교 대학원 경제학 석사
서울대학교 경제학과 졸업
배명고등학교 졸업

## 정호준 의원

19대 서울 중구 국회의원
민주당 원내부대표
민주당 대변인
민주당 국제위원회 부위원장
사단법인 사회문화나눔협회 상임이사
노무현대통령 청와대 비서실 행정관
삼성전자 근무
Young & Rubicam 근무
뉴욕대학교 대학원 졸업
한양대학교 사회학과 졸업
이대부속고등학교

이 책의 구성

# Chapter 3

## 여의도 1번지, 국회

CHAPTER
| 1 |

# 국회의원

어떻게
되었을까
?

# '국회의원' 이란?

국회의원은
국민의 뜻을 국회에 전달하는 국민의 대표로서
국회를 이루는 구성원입니다.

국민에 의해 선출된 국회의원은 국민의 뜻을 수렴하여 필요한 법률을 제정하고 국민의 세금으로 이루어진 국가 재정이 공정하고 투명하게 운용되는지 감시하며, 정부가 국민을 위한 올바른 정책을 수행하도록 국정감사 및 국정조사를 통하여 견제하는 역할을 합니다.

| 출처 : 국회 홈페이지 www.assembly.go.kr |

## 국회의원 선출

국민의 선거에 의하여 선출되는 국회의원은 임기가 4년이며, 선거에 후보로 나가기 위해서는 만 25세 이상이어야 합니다.

국회의원은 지역구 246명과 비례대표 54명, 총 300명으로 구성되어있습니다. 국민은 만 19세 이상부터 국회의원 선거에 투표를 할 수 있습니다.

국회의원은 크게 지역구 국회의원과 비례대표 국회의원으로 나눌 수 있습니다. 지역구 국회의원은 당해 국회의원 지역구에서 유효투표의 다수를 얻은 자를 당선인으로 결정합니다. 비례대표 국회의원의 경우 지역구 국회의원 총선거에서 얻은 득표비율에 따라 정당별로 배분합니다.

## 국회의원의 의무

### 헌법상의 의무

- 겸직금지의무(헌법 제43조)
- 청렴의무(헌법 제46조)
- 국익우선의무(헌법 제46조)
- 지위남용금지의무(헌법 제46조)

### 국회법상의 의무

- 품위유지의무
- 국회의 본회의와 위원회 출석의무
- 의사 법령·규칙 준수의무

# 국회의원의 특권

## 01
### 불체포특권

국회의원은 현행범인인 경우를 제외하고는 회기 중 국회의 동의 없이 체포 또는 구금되지 아니한다.

## 02
### 면체특권

국회의원은 국회에서 직무상 행한 발언과 표결에 관하여 국회 외에서 책임지지 아니한다.

→ 즉, 국회에서 직무상 행한 발언과 표결이 대상입니다.

**개념 체크**

**회기**
국회의 회기는 국회가 활동할 수 있는 집회에서 폐회까지의 기간을 말합니다. 회기는 집회 후 즉시 본회의 의결로 정하되, 연장할 수 있습니다. 위원회는 폐회기간 중에도 활동하므로 회기에 크게 구애받지 않습니다.

# 국회의원이란 직업의 장·단점

| 장 점 |

"구조적으로 국가의 정책을 크게 바꾸는
역할을 하게 되었죠."

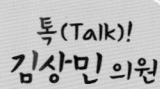
**톡(Talk)! 김상민 의원**

국회의원은 사회의 기초를 세우고 기본적인 틀이 되는 법을 만드는 사람이에요. 이를 통해 불공정한 구조를 개선하고 사회의 정의를 실현하는 일을 할 수 있어요. 소외되고 어려운 상황에 처한 사람들에게 단순히 정서적인 위로가 아닌 실제적인 도움을 주거나 문제를 해결해 줄 수 있지요. 국회의원은 특히 약하고 힘없는 사람들을 위하여 실제적 해결을 돕는 아주 중요한 일들을 하는 직업인 거예요.

**톡(Talk)! 이언주 의원**

국가 정책 사안에 대해 문제를 발견했을 때 직접 해결할 수 있다는 것이 큰 장점입니다. 정치인이 되기 전엔 국민의 한 사람으로써 문제를 제기하면 거기서는 누구한테 얘기해라 하면서 여기저기로 책임을 넘겨버리기 일쑤고, 절차도 참 복잡하더군요. 하다하다 지치기 일쑤였습니다. 결국 내가 직접 다루어야겠다고 생각해서 정치인이 되었죠. 어려움 겪고 계신 분들께는 문제해결의 진행과정을 알려드리고, 정말 안 되는 일의 경우에는 왜 안 되는지 상황을 설명해드리며, 해결을 위해 최선을 다합니다. 특히, 자신의 어려움이 개인의 문제라 생각하기 쉽지만, 실은 사회의 구조적 문제인 경우가 많은데 그런 문제를 도출해내고 조금씩 개선해 나갈 때 큰 보람을 느껴요.

**톡(Talk)!
송호창 의원**

이전에는 변호사로서 소송을 통해 의뢰인 한 사람의 권리를 보호하고 구제해 주었다면 지금 하는 일은 법이나 제도를 만들어 국민 모두에게 혜택이 돌아갈 수 있도록 하는 것이죠. 예를 들면 제가 대표 발의한 법안 중에서 사회복지급여 수급자의 실질적인 수급권 보호가 미흡한 점을 개선하기 위한 법률개정안처럼 사회적 약자를 보호하기 위한 장치를 직접 고치고 만들 수 있다는 것은 국회의원의 가장 큰 장점이고 중요한 업무에요. 국회의원이 만드는 법과 제도가 사회의 구조를 바꿀 수 있기 때문에 한편으로는 막중한 책임감이 느껴지기도 하지만, 이를 통해 우리나라가 한 걸음 더 나아간 모습으로 바뀔 수 있음에 보람을 느껴요.

| 단 점 |

## "사생활이 없어진 편이에요."

**톡(Talk)!
김상민 의원**

아무래도 공인이다 보니 개인적인 삶에 대한 제약들이 많아요. 언제나 국민들이 기대를 가지고 지켜보고 있기 때문에 도덕적으로 윤리적으로 부끄럽지 않고 당당해야 해요. 그래서 늘 저의 언행을 점검하는 시간을 갖고 있어요. 무심코 내뱉은 말이 누군가에게 상처가 될 수도 있으니까요. 이러한 부분들은 국회의원으로서 마땅히 감수해야 할 것으로 여기고 더 정직하고 성실하게 살기 위해 많은 노력을 기울이고 있어요.

**톡(Talk)! 이언주 의원**

이 직업을 택한 이후로 저를 아는 사람들이 많아졌어요. 그렇다보니 목욕탕을 잘 못 가겠더라고요.ㅎㅎ 괜히 쑥스럽고 목욕탕 안에서 인사를 나누기도 민망하고요. 단점이라기보다 아쉽게 느껴지는 것은 가까운 사람들과 자주 얼굴을 보지 못하고 있어요. 숨고를 새 없이 바쁜 의정활동과 지역구 활동 때문이겠죠. 특히 사랑하는 남편과 데이트도 잘 못하고 아들과 자주 못 놀아주는 건 정말 힘들어요. 가족에게 미안한 마음이 커요. 그래서 틈틈이 조금이라도 시간을 내어 아름다운 추억을 많이 만들려고 노력해요. 불행한 사람이 좋은 정치를 할 수는 없다고 생각하니까요.^^

**톡(Talk)! 송호창 의원**

저는 가족과 함께 하는 시간을 가장 좋아해요. 가족과 이런저런 얘기를 나누며 시간을 보내면 많은 업무로 인해 힘들었던 몸과 마음이 치유되는 느낌이랄까요? 그래서 이타카에서 보낸 지난 2년이라는 시간은 제게 가장 소중했던 순간들이라 해도 아깝지 않을 것 같아요.

그런데 국회의원이 되고나니 거의 매일 아침 6시부터 하루일과가 시작되고 일정을 마치고나면 자정이 가까워서 요즘은 가족들의 자는 모습을 가장 많이 보고 있어요. 쉴 틈 없이 돌아가는 의정 활동, 지역구 의원으로서의 지역 활동으로 인해 가족과 함께 하는 시간뿐만 아니라 저를 위한 시간도 많이 줄었어요. 독서를 하더라도 정치와 관련된 책 위주로 읽게 되고, 만나는 사람들도 정치 활동과 관련된 사람들이 대다수인거죠. 유일하게 저를 위한 시간은 운동하는 시간이에요. 매일 운동을 하면서 업무로 인한 스트레스도 풀고 체력보충도 하고 있죠. 국민의 대표로서 책임감과 사명감을 갖고 일하지만 이전보다 개인적인 시간은 줄어서 조금은 아쉽기도 해요.

# 국회의원의 자격요건

국회의원이 되기 위하여 선거에 출마하기 위해서는 만 25세 이상이면 누구나 가능합니다.
**그 외 자격요건에는 어떤 것들이 있을까요?**

강인한 체력
통찰력
희생정신
추진력
전문성
융통성
공익우선
리더십
창의력
겸손
도덕성
책임감
판단력

## 톡(Talk)! 김상민 의원

### 사회의 공익을 우선으로 해야 해요.

공익을 우선으로 한다는 것은 국회의원으로서 내가 대변할 국민을 항상 먼저 생각해야 한다는 거예요. 어떠한 선택을 할 때 국회의원으로서 정치적인 이득이나 개인적으로 얻을 수 있는 이익을 따지기 이전에 국민이 원하는 목소리를 내고, 국민을 대변하는 행보를 걸어야 한다는 거죠.

## 톡(Talk)! 정호준 의원

### 공익으로서 프로의식을 가져야 한다고 생각해요

국회의원이 되는 것 자체가 공인이라는 것을 잊으면 안돼요. 저를 비롯해서 가족들도 함께 그 무게를 같이 느껴야 하죠. 입고 싶은 옷을 마음대로 입지 못하고, 말하고 싶은 대로 말하지도 못하고, 행동하는 것 하나하나에 평가를 받게 돼서 스트레스를 받을 때가 종종 있어요. 국회의원이라는 직업 자체가 좋은 것들을 바라보고, 좋은 모습을 보여서 더 큰 비전을 제시할 줄 알아야 하고, 더 나은 가능성으로 앞장서 있어야 하는 사람이니까요.

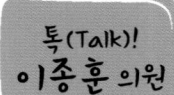

## 너무 모범적이면 안 될 것 같아요.

수학문제 풀듯이 할 수 있는 것이 아니니까요. 저는 노사관계를 공부하고 관련된 일을 했어요. 그게 얼마나 도움이 되는지 몰라요. 노사문제에서는 100점이 없어요. 상대방이 yes를 안 해주면 아무것도 못해요. 그리고 상대방을 설득할 때, 논리적으로 설명하면 안 되고, 상대방의 의견을 존중해 가면서 우리의 입장을 전달해야 하거든요. 그래서 도움이 많이 돼요.

## 두 번째는 정서관리를 잘해야 해요.

사람을 관리하는 쪽 일을 전공하다 보니 지역관리에 있어서 도움이 많이 됩니다. 정치는 세가 필요해요. 조직이잖아요. 그렇다고 해서 단순히 사람을 많이 모아서 될 문제가 아니라 얼마나 끈끈한 조직을 여러 개 만들 수 있느냐가 중요해요.

## 그리고 겸손이 제일 중요해요.

왜냐하면 국민들의 이야기를 많이 들어야 하잖아요. 들어 주는 것이 아니라 당연히 들어야 해요. 저 같은 경우에는 모든 문제를 알려고 현장에 가고 문제의 본질을 책상에서 해결하는 것을 좋아하지 않아요. 몸으로 직접 뛰어다녀야 한다고 생각하거든요.

내가 생각하고 있는 국회의원의 자격요건을
적어보세요

**국회의원**이
되는 과정

> 출마 준비

> 예비후보자 등록
(선거일 전 120일부터)

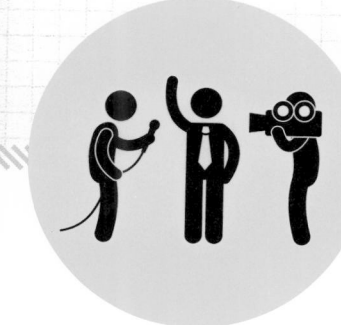

**본격 선거운동 개시**
(등록 마감일로부터 선거일까지 총 14일)

**투표 및 개표**

**당선**

# 1 출마준비

- **선거 기본계획 수립** : 조직전략, 홍보전략, 자금전략, 공천전략 등
- **출마의사 표명 및 지지 요청**
- **선거 STAFF 결성** : 선거총괄자, 수행팀, 조직팀, 공약팀 등 구성
- **선거사무소 거점 확보** : 유동인구, 현수막설치, 활동 공간 등을 고려
- **홍보** : 출마의 변 작성, 출판기념회, SNS활동, 명함제작, 프로필사진 준비 등

 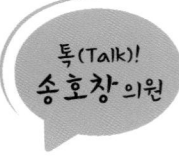

톡(Talk)!
**송호창** 의원

**송호창만의 스타일로 :**

출마하기로 마음먹었던 그 순간부터 오늘에 이르기까지 가족들의 지지가 없었다면 힘들었을 것입니다. 결과의 확신보다는 오히려 처음 도전하는 것이었고, 그 당시 상황에 따른 제 판단은 '이건 무조건 해야 하는 것이다'라고 마음먹었었기 때문에 모든 상황을 즐기려고 노력 했던 것 같아요.

또 너무나 감사하게도 제가 출마를 어렵게 결정했을 때 선거운동을 도와주겠다고 나선 사람들이 꽤 많았어요. 우리 지역 사람들뿐만 아니라 지방에서 오신 분들도 계셨고, SNS를 통해 응원 메시지를 보내주시거나 직접 찾아 와주시는 분들……. 제게 가장 핵심적인 참모진은 10년 이상 살면서 아이를 같이 키운 동네 친구들이었어요. 그러다보니 기존의 선거를 치러봤던 사람들이 아닌, 저라는 사람을 믿고 지지해주는, 투표이외에 선거과정에 직접 나서는 것이 처음인 사람들이 대부분이었습니다. 저를 비롯해 도와주시는 분들 대부분이 기존의 조직선거라는 개념을 모르니 아예 '송호창 스타일'의 새로운 방식의 선거를 하기로 뜻을 모았습니다.

"더 가깝게, 더 많이, 마음으로 듣는 사람이 되자." 출마를 결심하고 선거를 준비하는 동안 매일 다짐했어요.

# 예비후보자 등록(선거일 전 120일부터)

- **서류등록** : 가족관계증명서, 전과·학력·병역증명서, 세금납부증명서 등 제출
- **후원회 조직** : 1억 5천만원 이내에서 정치자금 모집 가능
- **선거사무소 개소, 선거사무원 등록** : 선거사무장, 회계책임자, 선거사무원 등
- **선거운동** : 명함배부, 예비홍보물 발송 등
- **중앙당 공천심사위 심사** : 예비후보 서류·면접 심사, 경선·전략공천 여부 등
- 경선지역 확정될 경우 경선방식(당원경선, 국민참여경선 등)에 따라 후보 선출

톡(Talk)!
정호준의원

## 최고의 상품이 되는 첫 걸음 :

챔피언은 링 안에서 만들어지는 것이 아니라 링 밖에 서 만들어져요. 그래서 평소에 많은 지역주민들을 만나고 소통을 하고 네트워크를 많이 형성하고 그분들에게 어떤 이미지와 느낌을 전달하느냐에 있어서 판단을 받게 되는 거죠. 물론 사회적으로 저명한 사람이라면 이미 검증받은 것이기 때문에 별로 효과가 없을지도 모르지만, 그렇지 않은 정치 초보들에게는 끊임없이 사회적으로 공헌을 하거나 역할을 하거나 많은 지역적 소통으로 어필을 해야 해요. 그래서 저도 그만큼 노력했고요.

선거 때가 되면 예비후보자로 등록 할 수 있어요. 4개월 전부터요. 예비 후보자가 되면, 모금이 가능하고요. 법적으로 보장되는 것들, 명함이나 선거 띠 등을 제작해서 본인을 알릴 수 있는 것들이 있어요. 그 동안 공천심사를 받아요. 예비후보자 때에도 받고, 직접 후보가 될 때에도 받고요. 경선을 해야 하기도 하고, 그냥 단순한 면접을 통해서 공천을 받기도 하고요. 여러 가지 형태를 통해서 후보가 됩니다. 후보가 되면, 다 아시다시피 포스터도 붙이고 각종 홍보물이며, 악수도 하고, 유세도 하고 직접적인 선거운동을 할 수 있어요. 후보로서 정치적 선거자금을 받을 수도 있고, 방송유세 및 정견 발표도 하고요. 최대한 부정적인 선거를 만들지 않도록 운동원들

과 함께 노력 하고요. 그 운동원들과 하나가 되어 움직여야 하고요. 중간에 여론 조사 등을 통해서 끊임없이 분석을 하기도 합니다. 선거캠프의 다양한 활동이 후보를 최고의 상품으로 만들어 주는 겁니다.

## 3 본격 선거운동 개시
### (등록마감일로부터 선거일까지 총 14일)

- **후보자 등록 및 선거기탁금 제출, 기호결정**
- **후보자 정보공개서 제출** : 재산, 병역, 세금체납현황, 전과, 직업·학력·경력 등
- **선거사무소 및 선거연락소 설치 / 간판, 현판, 현수막 등 설치**
- **선거운동 실시** : 공개 장소에서 지지호소, 유세차량 활용, 각종 홍보 및 보도자료 배포
- **후보자 초청 방송토론 준비, 각종 대담·토론회 기획 및 준비**

톡(Talk)!
**김상민 의원**

**비례대표 김상민이 경험한 첫 선거 :**
저는 지역구의원이 아니라 비례대표 의원이기 때문에 특정지역에서 국민들을 대상으로 한 선거운동을 하진 않았어요. 하지만 총선에서 청년 유세 단장의 역할을 맡아 총선 선거 운동본부에서 일하게 되었지요. 선거의 전체적인 전략을 짜는 중요한 일에 참여하게 된 거에요. 총선 이후에도 전당대회 기획의원, 박근혜 당시 후보의 청년특보, 새누리당 대선 선거운동본부의 청년본부장, 대통령직 인수위원회의 청년특별위원장까지 맡으면서 다양한 경험을 하게 되었어요. 초선의원인 저에게는 매우 파격적인 인사였죠.

우리나라 제1당의 선거를 그 선거의 중심에서 지켜보다 보니, 배울점이 정말 많았어요. 총선 때는 전국에 흩어져있는 약 300여개의 선거에 대한 전략을 짜고 언론에 대응하는 일들을 배웠고, 대선 때는 청년 본부장으로서 청년들이 간절히 원하고 바라는 의견이 대통령 후보 선거 공약에 반영되도록 각고의 노력을 기울이면서, 국가의 정책이 설계되는 과정을 생생하게 경험할 수 있었어요.

그 과정에서 한 가지 자부하는 일은, 청년들의 새누리당 지지율을 총선 때 20%대에서 대선 때 30%대로 높였다는 거예요. 제가 직접 경험하고 체험했던 대학생들, 청년들의 필요와 목소리를 공약과 정책에 담았더니 지지율이 상승했어요. 대표적인 것이 소득연계형 반값등록금 정책이었죠. 반값등록금은 여당과 야당이 모두 그 취지에 동의한 공약이었는데, 정책만으로 투표를 했을 때 새누리당의 정책이 더 높은 지지를 받아서 정말 뿌듯하고 기뻤어요.

정치에 입문하자마자 다양한 선거에 참여하면서 저는 지금까지 축적된 정보를 보다 쉽게 얻을 수 있었고, 선거 과정을 몸소 체험하고 체득하게 되었어요. 또, 나라를 설계하는 과정을 가까이에서 지켜보아, 나라를 전체적으로 조망할 수 있는 안목이 조금은 생긴 것 같아요. 매우 감사한 일이죠.

## 4  투표 및 개표

- 선후보자 및 배우자, 가족, 이웃 등과 함께 지정된 투표소에서 투표
- 선거사무소를 상황실로 개편, 투표상황 점검, 상대후보 불법 활동 감시 등
- 당선소감문, 낙선인사 등 메시지 작성
- 상황실에서 관계자들과 함께 개표상황 방청

톡(Talk)!
이종훈 의원

### 유난히 길었던 D-day :

출마하기로 마음먹었던 그 순간부터 오늘에 이르기까지 가족들의 지지가 없었다면 힘들었을 것입니다. 결과의 확신보다는 오히려 처음 도전하는 것이었고, 그 당시 상황에 따른 제 판단은 '이건 무조건 해야 하는 것이다'라고 마음먹었었기 때문에 모든 상황을 즐기려고 노력했던 것 같아요.

'떨어질 수도 있겠다.'는 불안감이 전혀 없었던 것은 아니지만, 무언가에 이끌리듯이 출마를 결심했기 때문에 '하나님이 잘 이끌어 주실 거다'라고 생각했어요.
그런데 선거당일 아침에 투표를 하고 집에 왔더니 아내가 배가 아프다는 거예요. 하필 그날이 선거일이라서 동네 병원들이 문을 열지 않았더라고요. 하는 수 없이 근처 큰 병원 응급실로 달려가서 검사를 했고 아내는 급성맹장염 판정을 받았어요. 그날 바로 아내는 맹장수술을 하게 되었어요. 그리고 그날 밤 선거 사무실에서 저 혼자 당선 승리포즈를 취했던 기억이 나네요. 아내는 저의 당선 소식을 병원에서 듣게 되었고요. 저희 아내가 그렇게 체력이 좋은 편이 아닌 데 저랑 선거 운동을 하면서 체력이 완전 방전되면서 결국 몸져누운 거죠. 아내에게 너무 고맙고 미안했던 일이에요.

# 당선 확정 이후

- **당선 확정 시** : 보도자료 배포, 당선사례 현수막 게시, 감사전화, 이메일 발송, 유세차량 활용 인사, 전통시장 방문인사, 상가 순회방문 등
- **선거해단식 개최** : 선거관계자 등과 해단식 개최, 노고 치하, 의정활동 다짐 등
- **회계처리** : 선거비용 보전 청구, 지출영수증 제출
- **언론사 인터뷰 준비**
- **의정활동 준비** : 보좌진 구성, 의원워크숍 참여, 상임위 결정, 연구단체 결성 등

톡(Talk)!
이언주 의원

## 정치신인의 혹독한 신고식 :

가장 먼저 했던 것은 그동안 선거활동을 도와주신 분들에게 인사를 드리고, 지역주민들을 찾아뵈면서 감사 인사와 열심히 하겠다는 포부를 밝히고 다녔어요. 그 다음에 선거 때문에 아들과 시간을 보내지 못했기 때문에 최대한 아들과 시간을 보내기 위해서 노력했죠. 그리고 제 선거 공약들을 다시 정리했어요. 제가 정치 신인이기 때문에 잘 몰랐던 의정활동부분을 다시 공부하고 제 공약 실현을 위해서 재정비가 필요했거든요. 생각했던 것보다 준비해야 할 것들이 더 많이 있더라고요. 새 학년 새 학기가 시작되는 기분으로 늘 배우는 자세로 임하고 연구하다보니 1년 이 지난 지금은 어느 정도 국회의원으로서 부끄럽지 않은 활동을 하고 있다는 생각이 들어요. 저를 믿고 뽑아주신 분들이 국회의원 이언주에게 기대하는 부분들에 충족시키기 위해서 열심히 노력해야한다는 생각이 저를 자극시킨 거죠. 조금 피곤하고, 개인적인 시간이 줄어들지언정 내가 이 직업을 택한 이상 절대 먼저 지치지는 말자고 결심을 굳게 했거든요.

다만 당선되는 순간부터 사람들의 시선이 저에게 집중되다보니 행동 하나 하나 까지 눈치를 보게 되는 경우가 생기더군요. 당시에는 그런 부분들이 불편하기만 했는데 이젠 좀 익숙해졌어요. 헌법기관이란 무게에 따른 감수해야 할 부분이기도 합니다.

# 국회 의원실 구성

##  1 현행 참모진 구성 현황

| 직급 | 4급 | 5급 | 6급 | 7급 | 9급 | 인턴 |
|---|---|---|---|---|---|---|
| 명칭 | 보좌관 | 비서관 | 비서 | 비서 | 비서 | |
| 인원(명) | 2 | 2 | 1 | 1 | 1 | 2 |

• 국회의원 수당 등에 관한 법률

## 2 구성 방식

① 공개채용에 의한 방식

▶ 의정활동 보좌에 필요한 능력·경력 등을 고려하여 홈페이지 등에 채용공고

▶ 심사에 필요한 서류(이력서·자기소개서·현안보고서 등) 검토

▶ 서류전형을 통과한 이들을 대상으로 심층면접 실시 → 최종 합격자 발표

② 특채·초빙 등에 의한 방식

▶ 지인 등을 통해 의정활동 보좌에 필요한 인물 '추천'

▶ 이력서·자기소개서 등 검토, 면접 후 최종 낙점

## 3 업무 분담

### ① 정무활동, 지역구 관리

- ▶ 민원처리, 일정관리, 정치자금·후원금 관리, 차량운전·근접수행 등
- ▶ 지역조직, 유관단체 관리, 지역사무소 운영총괄 등

### ② 정책 활동 보좌

- ▶ 입법 활동, 상임위 활동, 의원연구단체, 당직활동 등 담당
- ▶ 보도자료, 언론홍보, 기고문·축사 등 메시지 담당

톡(Talk)!
정호준 의원

**국회의원의 스텝**(staff) − **참모진 구성 :**
의원들마다 참모를 구성하는 방법은 달라요. 저 같은 경우에는 9명 중에 2명만 선거 때 함께 하셨던 분 들이고, 나머지 분들은 새로 함께 하신 분들이세요.

두 분 중 한 분은 저의 운전을 도와주시는 분인데, 그분께서 중구 지역사정을 그 누구보다도 잘 알고 계시거든요. 사실 수행비서는 일거수일투족을 함께 해야 하기 때문에 제 사생활이 보장될 수 있도록 해주시 는 분이셔야 해요. 그런 역할 톡톡히 해주시는 분이기 때문에 계속 저와 함께 계시죠. 또 한분은 아버님 때부터 함께 정치 일을 해주셨던 분이셔서 저와 아버님 사이의 정치적 소통을 함께 해 주실 수 있고 그분 또한 이 지역에서 오래 생활하신 분이셔서 정무적으로 도움이 되어 함께 일 하고 계십니다. 그 이 외분들은 다들 국회생활을 오래 하셨고, 경험이 많으신 분들 인데 따로 면접을 통해 구성하게 되었어요.

CHAPTER
| 2 |

# 국회의원의
## 생생
## 경험담

 미리 보는 국회의원들의 커리어패스 ▸▸▸

 **김상민** 의원　　**아주대학교 사학과** 〉 **아주대학교 18대 총학생회장** 〉

 **송호창** 의원　　**인하대학교 경제학과** 〉 **사회운동가** 〉 **변호사**

 **이언주** 의원　　**서울대학교 불어불문학과** (법학과 부전공) 〉 **로펌변호사** 〉 **노스웨스턴 대학 대학원 법학 석사**

 **이종훈** 의원　　**서울대학교 경제학과** 〉 **서울대학교 대학원 경제학 석사** 〉 **코넬대학교 대학원 경제학**

 **정호준** 의원　　**한양대학교 사회학과** 〉 **뉴욕대학교 대학원 그래픽 커뮤니케이션 & 테크놀로지 석사**

청년사업가 → 사회운동가

참여연대 → 민주사회를 위한 변호사모임

연세대 법무대학원 경제법 석사 → 대기업 임원 (CSR/준법 전문)

KDI 연구위원 → 명지대학교 교수

회사원 → 청와대 비서실 행정관

저희 어머니께서는 김좌진장군처럼 되라는 말씀을 하셨어요. 흔히 말하는 '사' 자 직업을 원하셨던 게 아니라 국가와 민족을 위해서 힘쓸 수 있는 사람이 되라고 하신 거죠. 애국심이 대단한 분이시거든요. 어머님 덕분에 제가 사회의 공공적 선의 실현을 강하게 염원하는 사람이 된 것 아닌가 싶어요.

---

## 김상민 의원

- 제18대 대통령직 인수위원회 청년특별위원장
- 2012년 새누리당 대선 청년본부장
- 19대 새누리당 비례대표 국회의원
- 대학생 자원봉사단 'V원정대' 설립자
- 아주대학교 18대 총학생회장
- 아주대학교 사학과 졸업

# 국회의원의 스케줄

## 김상민 의원의 하루

**23:00** ▸ 하루 일과 정리 및 내일 업무 준비

**07:00 ~ 07:40** ▸ 〈열린 세상 오늘 서종빈입니다〉 라디오 출연

**19:30** ▸ 장애인고용 촉진을 위한 간담회
**21:30** ▸ 음주문화개선 모임 만찬

**09:00** ▸ 경제민주화 실천모임 운영위원회 회의
**10:00** ▸ 한국정신문화와 인문학의 미래 정책토론회

**15:30** ▸ 본회의참석
**17:00** ▸ 스포츠강사연합회 간담회
**18:00** ▸ KBS1 대한민국 행복발전소 영상인터뷰

**12:00** ▸ 환경노동위원회 예·결산 기금 심사소위
**14:00** ▸ 황우여대표 최고위원 초청 가족행복특별위원회 위원장단 오찬

# 자유분방 했던 학창시절

▲ 첫 번째 생일

▲ 아버지와 행복했던 시간

▲ 친구들과 함께 놀기 바빴던 유년시절

**학창시절 성적은** 어떠셨나요?

초등학교와 중학교시절은 저에게 즐겁고 행복한 기억으로 남아있습니다. 저는 친구들과 새로운 것을 만들어내는 것에 대해 굉장한 흥미를 느껴, 늘 친구들을 모아 함께 일을 도모하곤 했습니다. 학교에서는 임원을 도맡다 보니, 자연스럽게 리더십을 익히게 되었고, 성적도 상위권을 유지하여 학업성적도 우수한 착실한 학생이었습니다.

특히 제가 입학한 중학교는 신설학교인데다 젊은 선생님이 많아서 학교의 분위기가 가족적이었고, 학생들과 선생님과의 관계가 매우 돈독했습니다. 학생 입장에서 권위적이거나 무섭기만 한 선생님이 계신 교무실에는 발을 내딛는 것조차 어렵고 부담스럽지만, 우리 학교의 교무실은 쉬는 시간마다 학생과 교사가 만나 이야기를 나누는 소통의 창구였습니다. 덕분에 아주 편안하고 자유로운 분위기에서 공부를 할 수 있었습니다.

**Question** **고등학교 생활은** 어떠셨나요?

저의 고등학교 생활은 저항의 시기였던 것 같습니다. 그 당시 대부분의 고등학교는 획일화되고 강압적인 주입식 교육이 주를 이루었는데, 자율적이고 창의적인 분위기의 수업을 원 했던 저에게는 너무나 불편하고 적응하기 어려웠던 환경이었습니다.

저는 강제적으로 이루어지는 공부보다는 자율적으로 다양한 활동을 할 수 있는 동아리나 종교 생활을 열심히 하게 되었습니다. 스스로 동기부여가 되는 활동, 자발적인 활동을 집중 했던 것입니다. 그래서 학업적인 부분에서의 성과는 크지 않았지만, 사회성이나 감성은 훨씬 더 발달하고 성장할 수 있었던 것 같습니다. 입시 위주의 교육 체제로 인해 조금 방황하기도 했지만, 이러한 억압적인 부분에 대한 저항의 시간을 통해 우리나라의 획일화된 교육시스템에 대해 고민하는 시간을 많이 가졌습니다. 학생들의 다양한 특성을 이해하고 존중하며 자발성과 자율성이 보장되는 교육시스템이 대한민국에 절실히 필요하다는 생각이 들었고, 지금도 동일한 생각을 갖고 있습니다.

어렸을 때에는 정말 다양한 꿈을 꾸었던 것 같습니다. 천문학자나 방송PD, 기자가 되는 상상을 해보기도 하고, 영화 제작자가 되어 세상이 놀랄만한 작품을 만들 생각도 해 보았습니다.

하지만 제가 꿈꾸었던 것은 좋은 목회자가 되는 것이었습니다. 독실한 기독교인이신 어머님 밑에서 좋은 목회자분들과 선교사님들을 만났고, 그 분들처럼 사람들에게 참된 사랑을 전하는 목회자가 되고 싶었습니다. 그래서 늘 주변에 계시는 목사님들과 전도사님을 존경하고 따르면서, 희생과 헌신의 정신을 배웠습니다.

그렇지만 저는 신학 대학이 아닌, 사학과에 진학하게 됩니다. 이는 신학을 본격적으로 공부하기 전, 철학이나 역사 등 인문학을 배우기를 추천한 한 목사님의 권유 때문이었습니다. 결과적으로 사학을 선택 한 저는 인류의 역사를 배우면서 인간에 대한 고민과 존재에 대한 깊은 사유를 하게 되었고, 이는 저의 인생에 매우 중요한 경험이 되었습니다.

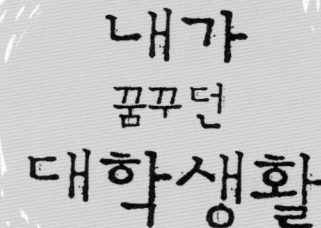

# 내가 꿈꾸던 대학생활

▼ 항상 내 편이었던 친구들과

▲ 총 학생회장 시절, 학생회 친구들과 함께

▲ 첫 번째 생일

대학공부는 어떻게 하셨나요?

대학 때 가장 좋았던 것은 갇혀 지내야 했던 고등학교 생활에서 벗어나 제가 하고 싶은 과목을 선택하여 공부하고 자유롭게 생활할 수 있다는 점이었습니다. 고등학교와 다르게 수업 출석에 대한 자유와 책임이 모두 개개인에게 있다는 것이 저에게는 대학 생활을 보람차게 한 촉매제 역할을 했습니다.

자유로운 수업 수강이 가능했기에 전공 수업 외에도 저는 타과 수업을 즐겨 들었습니다. 특히 철학과 심리학 수업에 흥미를 느꼈는데, 이렇게 다른 과수업을 제한 없이 들을 수 있던 까닭에 수강하게 된 철학 수업에서, 김재영 교수님을 만나 저의 인식과 사고가 전환되는 소중한 경험을 할 수 있었습니다.

현재 서강대학교 종교철학과에서 강의하고 계신 김재영 교수님은 학생들의 적극적인 참여를 유도하는 분이셨습니다. 매 수업시간은 교수님과의 열띤 토론 시간으로 채워졌고, 저를 비롯한 학생들이 교수님의 지도 아래 주체적으로 생각을 주고받는 생생한 수업이 이어졌습니다. 어렵지만 교수님과의 논쟁을 시도하고 제 생각을 관철시키려는 노력을 하면서 저의 논리력과 사고력은 어마어마하게 발전하게 되었습니다. 저는 박학다식하신 교수님을 닮아 가고 싶어 교수님께서 탐독하셨다던 서적들을 일일이 찾아 읽었고, 훌륭하신 교수님을 언젠가는 따라잡겠다는 일념이 제가 성장할 수 있었던 원동력이 되었습니다.

대학에서 하셨던 활동이 있으신가요?

대학시절에 저는 책을 많이 읽었던 편입니다. 빨리 읽을 때는 하루에 한 권씩 읽었고, 방학 때에는 40~50권씩 읽기도 했습니다. 독서에 한창 욕심이 생겼을 때에는 하나의 주제를 정 하고 그와 관련된 유명한 책을 모두 빌려서 읽었습니다. 그러다 저와 사고관이 비슷한 작가 가 나오면, 그 작가가 저술한 책을 모두 읽어나가는 방식으로 책을 읽었습니다. 그러다보니 주제별로 다양한 작가들의 생각을 비교하며 사고의 폭이 넓어졌고, 한 작가에 대하여 생애에 걸친 생각의 흐름을 이해하는 시각도 갖추게 되었습니다.

학업활동 외에 동아리활동도 저에겐 흥미로운 시간이었습니다. 클래식기타반, 노래동아리, YWCA, CCC 등에 참여하면서 인간관계도 넓힐 수 있었고, 혼자가 아니라 사람들과 함께 일하는 방법도 익히게 되었습니다. 목회자를 꿈꾸던 저는, 기독교 동아리 중 가장 많은 대학생이 모이는 CCC의 경인지역을 이끌며 총 순장의 역할을 맡아 활동하기도 했습니다.

## Question 대학생활에서 얻은 최고의 수확을 꼽으시자면?

저의 대학시절은 스스로가 무에서 유를 창조하는 능력을 배양하던 시기였던 것 같습니다. 저는 획일적인 커리큘럼의 공부를 하기보다는 내가 하고 싶고, 해야겠다고 생각한 일에 시간을 쏟아 부었습니다. 전공과목만이 아닌 다양한 학문에 대한 공부와 독서를 통해 세상과 인간의 본질에 대한 이해를 배웠다면, 주말이나 방학 시간을 활용해 체험했던 각종 아르바이트는 저에게 몸으로 체득하는 새로운 경험을 선사했습니다. 한 모에 500원어치하는 두부를 팔아 모은 돈으로 일본여행을 떠나기도 했고, 꽃이나 옷가지 등을 팔아 보기도 했으며, 간판 공사나 전단지 아르바이트도 하는 등, 다양한 경험을 마음껏 했던 것 같습니다.

이렇게 여러 가지의 경험을 하다 보니, 유형이 다른 여러 사람들을 만났고 자연스럽게 다양한 사람들과 소통하는 법을 배웠습니다. 또한 아무것도 없던 곳에서 새로운 것을 만들어 내는 개척정신을 체득하게 됨은 물론, 그와 동시에 내가 무엇을 잘하는지 알게 되는 순간의 연속이었습니다. 당시에는 잘 느끼지 못했지만, 대학을 졸업하고 사회에 나와 보니 그러한 순간들이 지금의 저를 만드는 데 엄청난 도움이 되었다는 것을 알게 되었습니다. 바로 지금 국회의원을 하는 순간에도 말입니다.

# 학생정치의 시작, 아주대학교 18대 총학생회장

▶ 페이스북 친구들과 함께하는 '후루룩짭짭' 파티에서

▶ 화이트컨슈머 캠페인 참가사진

청년특별위원회
**꿈틀열린간담회**
[ 주제 1 청년이 바라는 일자리
주제 2 청년과 소통하는 정부

▶ 2030세대와 함께 비전을 나누던 시간

▶ 당시 총학생회 선거 포스터(왼쪽 김상민)

**총학생회장 선거에 출마하시게 된 이유가 무엇인가요?**

　원래 저는 학생회장직에 특별한 관심이 없고, 수많은 학생들을 이끌어가는 총학생회에 대 한 존경심을 품고 있던 평범한 학생이었습니다. 하지만 학교의 상징물을 정하는 과정에서 저는 다소 갑작스럽게 학우들에게 제 이름을 알리게 되었고, 결국 총학생회장 선거에 출마 하게 되었습니다. 재학 중인 어느 날, 18년 만에 학교의 상징물을 새롭게 정한다는 공지를 보게 되었습니다. 학교의 상징물을 그리스 신화 속 인마상으로 정하겠다는 내용이었습니다. 반신반마의 형상을 하고 있는 인마상은 성적으로 음탕한 성질을 지닌 상상의 동물이라고 알고 있었기에, 제가 사랑하는 우리 학교의 상징물이 인마상이 된다는 것이 저는 무척이나 속상했고, 글로벌을 지향하는 학교의 미래상과도 전혀 맞지 않는다는 생각이 들었습니다. 게다가 총학생회 측에서는 상징물 선정을 학생들의 의견을 수합하지 않은 채 일방적으로 추진하고 있었습니다. 저는 학교를 나타내는 상징물을 정하는 일에는 학교의 주인인 학우들의 의견을 반드시 반영해야 한다는 생각이 들었습니다.

　대자보를 붙여 의견을 피력하던 당시 대학문화에 따라, 저 또한 이러한 저의 생각들을 대 자보로 옮겨 적었습니다. 쓰다 보니 12장 내외의 대자보를 그저 많은 학생들이 보길 바라는 마음에 제일 잘 보이는 자리에 붙였는데, 알고 보니 그 자리가 총학생회 게시판이었습니다. 그 때문인지 다음날 전교생이 제가 쓴 대자보를 읽게 되었고, 결국에는 이 내용으로 전교생의 총투표를 진행하게 되었습니다. 결과적으로 대부분의 학생들은 학교의 상징물을 켄타우로스로 정하는 데 반대했고, 저는 교내 최초로 대자보를 통해 전교생 총투표를 진행한 학생이 되었습니다.

**그 이후에 총학생회와 마찰은 없으셨나요?**

　대학 상징물 선정에 대해 이의를 제기한 저의 의견에 많은 학생들이 동의하다보니 총학생회에서는 저를 눈엣가시처럼 여겼습니다. 그리고는 일반 학생 한 명의 영향력이 이렇게까지

클 수가 없다며, 이는 학교 측에서 김상민 군에게 사주한 사건이라고 말하기 시작했습니다.

이후로 저를 비난하는 대자보가 여기저기 붙기 시작했고, 교내방송에서도 대놓고 저를 나무랐습니다. 하루는 총학생회 측에서 저를 총학생회실로 불러, 저에게 욕을 퍼붓기까지 했습니다. 내가 그렇게 잘못한 것인가 하는 혼란스러운 생각으로 총학생회실을 나와 동아리 방을 갔는데, 이번에는 동아리방이 난장판이 되어 있었습니다. 알고 보니 저와 다른 의견을 가진 학우들이 제가 활동하는 동아리방에 분풀이를 해 놓은 것이었습니다. 그때까지만 해도 학생사회운동을 하는 학우들을 존경하고 당연히 민주적인 단체일 것이라고 생각했었는데 제 눈앞에서 현실을 마주하는 순간, 넘치는 실망감을 감출 수가 없었습니다. 그 일이 있은 뒤로, 저는 식당에서 다른 학우들에게 그간 벌어졌던 사건을 설명하고 부당함과 억울함을 호소하는 것을 시작으로 총학생회라는 기득권 그룹과 싸우게 되었습니다. 이는 제가 학생정치에 입문하게 된 계기가 된 중요한 사건이었습니다.

**Question 만약에 의원님의 대학생활에 아주대학교 상징물 결정 사건이 없었더라면 어땠을까요?**

상징물 사건이 없었다면 학생정치에 뛰어들지 않았을 지도 모릅니다. 총투표 이후 이어진 총학생회 기득권 그룹과의 싸움에서 저는 총학생회의 올바른 역할과 마땅한 의무에 대해서 고민하게 되었고, 결국 이러한 고민이 제가 총학생회장에 출마하게 된 이유가 되었기 때문입니다.

고민을 하던 차에, 저는 그 당시 학생 리더들이 권력을 휘두르면서 편협한 결정을 하는 모습을 한 번 더 보게 되었습니다. 총학생회는 당시 유행하며 학생들에게 선풍적인 인기를 끌었던 힙합과 B-Boy 문화는 잘못된 문화라고 지적하고, 대학에서는 집체 연극을 해야 한다고 주장하면서, 학생들이 원하는 문화공연이나 복지적 욕구를 가로 막고 있었습니다. 이미 새로운 문화가 형성되어 그것을 원하는 학생들이 많은데도, 총학생회는 현실과 동떨어진 시스템과 구조를 고집했던 것입니다. 이를 계속 지켜보고 있자니 견디기가 너무 어려웠습니다. 결국 저는 투표권을 행사한 학우들의 의견을 반영하는 총학생회, 대변자가 되어 학우들 의 뜻을 실현하는 총학생회, 학생들의 대변자가 되는 총학생회를 만들어 보고자 총학생회장 선거에 출마하게 되었습니다.

기존의 총학생회 출신을 비롯해 총 네 팀이 선거에 나왔습니다. 신기하게도 아무런 경험이 없던 저희 팀이 과반에 가까운 압도적인 지지를 받으며 당선되었습니다. 그 당시 문화를 함께 즐겼던 동아리 친구들과 함께 재미있게 선거 운동을 했더니, 학우들의 많은 호응이 있었던 것 같습니다. 이후에도 일방적이고 강압적인 총학생회의 모습을 반면교사로 삼아 늘 학 우들의 의견을 대변하고자 노력했고, 학생들의 필요와 요구에 귀를 기울이는 학생회 활동을 하려 누구보다 열심히 학우들을 만나며 발품을 팔았던 것 같습니다.

> **Question** 총 학생회장시절, 가장 기억나는
> 에피소드가 있으신가요?

제가 학생회장인 시절에는 한창 대학 축제문화가 왕성할 때였습니다. 저는 다른 대학과 차별화되고 신이 나는 축제를 만들고 싶었습니다. 그래서 생각해 낸 아이디어는 바로 거리 축제를 진행하는 것이었습니다. 차도를 모두 막은 길거리에서 각종 공연도 하고 학생들이 자유롭게 거리를 활보한다면, 유례없는 축제가 될 것이라는 생각이 들었습니다. 하지만 아주 대학교 앞으로 길게 뻗어있는 차도가 큰 장애물이었습니다. 게다가 지하도 공사도 진행 중이어서, 통행조차 불가한 상황이었습니다. 저는 이를 해결하기 위해 수원시장님을 찾아 갔습니다. 아주대학교에서 최초로 개최하는 거리 축제에 대한 구상과 이를 통한 수원시의 이미지 제고, 축제 문화의 선도 등의 의견을 강하게 피력했습니다. 결국 공사가 조속히 마무 리 되어, 아주대 최초의 거리 축제를 열게 되었고, 열화와 같은 호응을 얻으며 성황리에 행사를 마칠 수 있었습니다.

참 뿌듯했습니다. 총학생회 주최로 진행하는 첫 거리축제이기도 했고, 학생들이 주체가 되 어 만든 각종 퍼레이드나 춤·음악 등의 퍼포먼스가 이루어진 행사였으며, 학생들뿐만 아니 라 수원지역 젊은이들 수천 명의 축제의 장이 되었기 때문입니다. 이는 간절히 바라고 도전한다면, 반드시 이루어진다는 강한 의지를 제게 갖게 해 준 상징적 사건이었습니다.

# 리더십 을 배우다

▲▼ V원정대1000원 밥차운영

대학교를 졸업하고서 무슨 일을 하셨나요?

목회의 길을 꿈꾸던 저는 어느 날 목회자가 아니라 사회 문화 속에서 사회 운동가로 살기로 결심을 하게 되었습니다. 우리 사회의 공공적 선을 실현하기 위한 실제적인 영향력을 갖추려면, 목회자가 되기보다는 사회의 인식을 바꾸고 새로운 바람을 일으키는 일을 해야 한다고 생각했습니다. 이를 위해서 필요한 일은 사람을 키우는 일이었고, 청년리더십을 키우고자 결심하게 되었습니다.

그러나 아무것도 없는 사람이 처음 어떤 일을 시작할 때에 무턱대고 믿고 투자하겠다는 사람이 어디 있겠습니까? 이제 갓 서른이 된 청년이 대학생 리더십, 청년 리더십을 키우겠다고 하니 다들 너부터 크라는 식으로 외면했습니다. 결국 도움 주는 곳이 없어, 제가 비즈니스를 해야 한다고 생각했고, 저는 사업을 시작하게 되었습니다.

처음 시도했던 사업은 한우음식점이었는데, 사업이 안정적으로 잘 진행이 될 즈음 광우병 파동이 일어나 사업을 접을 수밖에 없게 되었습니다. 그 후에는 뮤지컬 등을 만드는 문화콘텐츠 관련 사업을 진행했고, 이 외에도 기업 컨설팅 등의 일을 하며 대학생 리더십 운동과 학생운동, 자원봉사 활동의 기반을 마련하게 되었습니다.

**Question** 청년사회운동을 하면서 기억에 남는 일이 있나요?

마케팅과 문화콘텐츠 관련 사업도 하고 자원봉사활동 단체 운영과 청년리더십 양성도 함께 하면서, 에너지가 분산되는 것을 느꼈습니다. 결국 저는 돈을 버는 일과 청년 리더십을 양성하는 일을 병행할 수 없다는 결론에 이르렀고, 돈을 버는 인생을 살 것인가, 돈을 잘 쓰는 인생을 살 것인가 하는 선택의 기로에 놓이게 되었습니다. 제가 누구보다 영업을 잘 할 자신은 있지만, 사업을 해서 돈을 벌더라도 빌게이츠나 스티브 잡스처럼 막대한 돈을 벌어들이기란 쉽지 않다는 생각이 들었습니다. 차라리 사회운동을 하면서 그 일에 동의하는 사람들을 보다 많이 동참시키는 것이 더 효율적인 방법이라고 생각되어, 저는 사업을

모두 정리하고 남은 돈을 전부 자원봉사 단체에 투자했습니다.

그 전까지는 왕성한 사업 활동으로 좋은 차를 타 보기도 하고 좋은 집에서 살아 보기도 했지만, 이제부터는 모두 버려야만 했습니다. 사람들의 신뢰를 얻기 위해서는 사람들과 다른 삶의 모습이 필요했습니다. 사람들이 원하는 진정성 있는 모습은, 이는 단순히 어떤 말과 의지로 표현될 수 있는 것이 아니라 살아야 얻어질 수 있는 것이었습니다. 그래서 저는 첫째, 개인적인 재산을 모으지 않겠다, 둘째, 제가 만든 자원봉사 단체와 이 단체로 인해 취득 한 어떠한 재산도 제가 계속 소유하지 않겠다, 그리고 셋째로는 가정이 생기면 이 일에 올인 하기 어려울 수 있으니 결혼을 우선순위에 두지 않고 이 일에 매진하겠다고 약속했습니다.

이러한 굳은 약속을 모두 지킨 지금 돌이켜 보면, 신기하게도 힘든 점보다는 좋은 점이 훨씬 많았던 것 같습니다. 불편하게 사는 방법을 배워 행복의 스펙트럼이 넓어졌고, 돈이나 주거 환경, 사람들의 평판 등과 같은 조건에 구애 받지 않고 살아갈 수 있을 정도로 자유로워졌습니다. 시간이 지나면서 저의 진정성을 인정 해주고 믿어주는 사람들이 늘어나 큰 위로와 격려를 받았습니다. 이러한 과정은 저에게 리더의 희생과 헌신이 무엇인지 체득하며 배울 수 있었던 경험이었습니다.

# 청년사회운동을 하실 때 부모님의 반대는 없으셨나요?

저의 부모님께서는 언제나 저를 믿어주시고 지지해 주셨습니다. 오히려 주변 분들이 많이 반대를 하시는 편이었습니다. 그래서 탄탄대로가 아닌 좁은 길을 가는 자식을 둔 부모님에 대한 걱정과 때로 따가운 시선들이 가장 견디기 힘들었습니다.

저의 아버지는 거동도 어렵고 말도 잘 하지 못하는 장애인이십니다. 오른손을 사용하지 못하는 아버지는 왼손으로 친히 성경을 써서 아들인 저에게 날마다 보내주십니다. 보내주신 성경 필사본이 이제는 한 권이 다 되어 갈 정도입니다. 이같이 부모님께서 지속적으로 보내 주시는 사랑이 제가 이러한 사회운동을 할 수 있던 근간이었다고 생각합니다.

자랑스러운
대한민국을 위해
19대 비례대표
국회의원
김상민

▲ 부정부패 공무원관련 질의 중

▲ 시민들과 함께 하는 시간이 즐거운 국회의원 김상민

▲ 국회로 견학 온 초등학생 친구들과 함께

**의원으로 바꾸신 계기가 있으신가요?**

제가 대학생자원봉사단V원정대에서 대표로 있을 때, '도시락데이'라는 행사를 진행했습니다. 도시락데이는 등록금과 생활비로 힘겨워하는 대학생들에게 힘이 되어 주기 위해 도시락을 나누어주고, 천 원 이상씩 자유롭게 기부한 금액을 모아 다시 장학금으로 학생들에게 전달하는 프로그램이었습니다.

한 학교에서 도시락데이를 개최했을 때, 제가 새누리당 감동인물찾기 대상인물로 깜짝 선정이 되었습니다. 감동인물찾기는 새누리당 비상대책위원회가 꾸려졌을 당시 당에서 준비한 행사로, 현장에서 활동하면서 지역사회에 감동을 주는 인물을 발굴하는 프로젝트였습니다. 이 자리에서 저는 박근혜 당시 새누리당 비상대책위원장님을 만났고, 이 기회를 통해 국회에 입성하게 되었습니다.

국회의원이 되면서 저는 제가 함께했던 세대들의 목소리를 대변해야 한다고 생각했습니다. 지금은 새로운 세대와 문명이 우리 사회와 문화의 중심이 되었는데, 사회 정치 구조의 제도와 체계는 아직 변하지 않아, 이들의 열망과 필요를 반영할 수 있는 통로가 필요합니다. 저는 이들을 대변하고 새로운 세대의 요구가 실현될 수 있는 정치구조를 만들어내야겠다는 결심을 하게 되었습니다.

Question **국회에서 첫 업무는 무엇이었나요?**

국회의원이 되기 전까지 저는 나눔 활동을 해왔습니다. 그래서 국회의원으로서 처음 받은 월급은 더욱 뜻 깊게 쓰고 싶어 '만원의 기적'이라는 프로그램에 참여했습니다. 가수 션 씨와 함께 365만원을 재활기관인 푸르매재단에 기부했습니다. 그것이 저의 첫 공식 활동이었습니다.

제가 국회의원이 되었던 첫 해에는 대선이라는 아주 큰 선거가 있었습니다. 감사하게도 청년들과 오랜 시간 호흡한 경험을 인정받아 청년본부장으로 활동할 수 있었고, 소득분위에 따른 반값등록금 정책과 스펙초월시스템 등, 청년들과 대학생들이 현장에서 피부로 느끼는 필요들을 대선공약에 반영할 수 있었습니다. 앞으로도 저는 새누리당이 젊은 세대와 함께 걸어갈 수 있도록 지속적인 노력을 하려 합니다. 그것이 저에게 비례대표를 허락한 새누리당에서 제가 해내야 할 마땅한 몫인 것 같습니다.

## Question 국회의원이 되고나서 새롭게 느낀 점이 있으신가요?

국회의원 한 사람 한 사람의 역할과 책임이 매우 크다는 것을 느낍니다.

국회의원은 국가 운영에 관한 기초적 틀과 정책의 규모 등을 결정하는 매우 중요한 사람입니다. 매번 마주하게 되는 선택의 순간에 우리 사회의 구조와 규범의 틀에 관한 결정이 이루어지기 때문에 현명한 판단력이 요구됩니다. 또한 다양한 이해관계가 충돌하는 속에서도 한쪽으로 치우치지 않고 공정한 방법으로 국민을 위한 결정을 내려야 합니다. 행정부가 국민의 세금을 계획대로 진행하고 있는지, 국민을 위한 일을 잘 수행하고 있는지 감사하고 평가하여 정부가 올바른 방향으로 갈 수 있도록 목소리도 내야 합니다. 무엇보다 군림하는 리더가 아니라 늘 국민 편에 서서 민의를 대변하는 자로서, 국민을 섬기는 사람이 되어야 합니다. 이러한 국회의원의 중요성을 명확히 인식하게 되자, 보다 막중한 책임감이 생겼고, 열심히 의정활동에 임하고 있습니다.

저는 국회의원이 국민을 대변하는 사람이라고 생각합니다. 국회의원은 어느 순간에나 어디에서나 국민 편에 서서 국민의 마음을 담은 목소리를 내야 합니다. 특히 약자와 소외된 사람들을 위해서는 더욱 이러한 역할이 필요하고 요구됩니다. 저는 막대한 등록금 앞에 좌절한 대학생들, 억울하게 피해를 입은 가습기살균제 피해자와 같은 사람들의 필요를 채워주는 일이 제 일이라고 생각합니다. 감사하게도 대선 공약을 만들거나 예산소위에 참여하여 의견을 개진하고, 기자회견 등의 활동을 통해 예산을 확보하는 등의 실제적인 성과를 이뤄 낼 수 있었습니다.

▲ 청년특별위원장 당시

이처럼 저는 국회의원으로서, 사람들의 꿈을 포기하지 않게 하는 것이 저의 일이라고 생각합니다. 누구든 시행착오를 겪더라도 절대 포기하지 않으면 반드시 이룰 수 있는 토대의 나라를 만들고 싶습니다. 누구든지 돈이나 환경 때문에 마음 속 깊은 소중한 꿈을 포기하지 않게 하는 국회의원이 되고 싶습니다.

학창시절 공부를 소홀히 한 탓에 성적이 중위권이었던 저는 '내가 공부를 왜 해야 하는지'에 대해 분명한 이유나 목적이 없었던 것 같아요. 더구나 의무적으로 무조건 하라고만 하니 괜히 더 하기 싫었고요.

　재미도 없고, 왜 해야 하는지도 모르겠고. 열심히 하지 않았으니 성적 이 좋았을 리 없었죠. 그렇지만 시간이 흘러 내가 하고 싶은 것을 분명히 알게 되고, 목표가 생기고, 해야만 하는 이유를 스스로 알게 되었을 때부터는 달라졌어요.

# 송호창 의원

- 19대 의왕· 과천지역구 국회의원
- 참여연대 경제개혁센터 부소장
- 대한변호사협회 인권위원회 위원
- '민주사회를 위한 변호사 모임' 사무차장
- 인하대학교 경제학과 졸업
- 부산동고등학교 졸업

# 국회의원의 스케줄

## 송호창 의원의 하루

**23:00**
▸ 하루 일과 정리 및 내일 업무 준비

**06:00~07:00** ▸ 의원회관 도착
**07:30** ▸ 라디오 시사프로 전화 인터뷰 준비

**20:30**
▸ 정책연구소 내 세미나 및 공부모임 참석 (저녁식사 포함)
**21:00**
▸ 의왕·과천지역 여름축제의 밤 참석

**08:00**
▸ 전화인터뷰(생방송)
**09:30**
▸ 아침운동 후 식사
**10:00**
▸ 상임위 회의 준비 (안건 확인 등)

**17:00** ▸ 과천 소재 중학생 국회방문 (대화의 시간 및 기념 촬영)
**18:30** ▸ 의원실 전체 회의

**12:00** ▸ 정무위원회 전체 회의 참석
**13:00** ▸ 점심식사
**14:00** ▸ 본회의 준비 (안건 확인 등)
**16:00** ▸ 본회의 참석

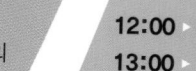

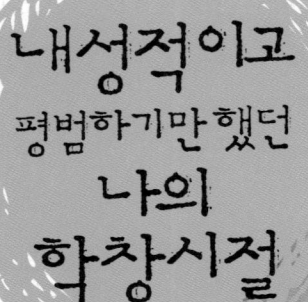

# 내성적이고
## 평범하기만 했던
## 나의
## 학창시절

▲ 송호창의원의 어린시절

▲ 의왕덕장초등학교 국회관람

## 가장 좋아하셨던 책은 무엇이었나요?

고등학교 3학년 때에는 삼국지에 빠졌었습니다. 전 권을 세 번이나 다시 읽을 정도로 좋아했었습니다. 시험공부를 하던 중에 머리를 식힐 요량으로 우연히 삼국지를 펼치게 되었는데, 그 순간부터 공부는 뒷전으로 하고 책에 푹 빠졌던 것 같아요. 삼국지에는 유방이라는 인물을 중심으로 여러 장수들이 나옵니다. 지금 우리 사회에서도 볼 수 있을 법한 각종 캐릭터들이 책 속에 등장합니다. 여러 가지 캐릭터들과 당시 시대적 상황을 재미있게 각색하고 탄탄한 이야기들 덕분에 시간가는 줄도 모르고 술술 읽었습니다. 다양한 캐릭터들이 하나의 사회를 구성하면서 자신의 역할을 해내고 또 그 가운데서 지도자 역할을 하는 사람, 조력자 및 뒤에서 밀어주는 역할을 하는 사람, 손과 발의 역할을 하는 사람 등 다양한 사람들이 고루 섞여 조화를 이룰 때 사회가 만들어질 수 있다는 것을 책을 통해 느끼다보니 삼국지의 매력에서 헤어나지 못했던 것 같습니다.

지금 돌이켜 생각해보면 어려서부터 사람에 대한 관심이 많았기 때문에 삼국지라는 소설에 더 깊이 빠졌던 것이 아닌가 싶습니다. 사람들의 면모 뿐 아니라 생각, 행동에 대해서도 호기심을 갖다보니 그것이 곧 인문학이라는 학문의 기본에 더 쉽고 자연스럽게 다가갈 수 있었던 것 같습니다. 책을 통해 사회를 배우고 그 안의 구성원들을 통해 사람, 사회, 관계라는 개념에 관심을 갖게 되었다는 것은 책이 주는 굉장한 매력이죠.

## 성적은 어떠셨나요?

아마 이 책에 실린 5명의 국회의원 중에서 학창시절 성적은 아마 제가 하위권을 맡고 있지 않을까 싶습니다. 좋은 말로 표현하자면 학생들과의 공감대가 가장 많이 형성 되는 국회의원이라고 할 수도 있겠죠?^^ 대부분 성적이 최상위권 정도는 되어야 법조인, 정치인 등을 할 수 있다고 생각하지만 저는 전혀 그런 경우에 속하지 못했습니다.

수업시간 중 영어와 역사시간은 좋아했지만 수학은 자신이 없었어요. 좋아하는 과목 은 스스로 열심히 하지만 자신이 없던 수학은 관심도 줄었고, 과목별로 성적의 차이가 있다 보니 중위권일 수밖에 없었습니다.

제게 있어 학창시절의 공부는 시험을 앞두고 마지못해 했던 기억이 대부분입니다. 아마 그때까지도 제게는 분명한 공부에 대한 목적의식, 인생의 터닝 포인트가 찾아오지 않았던 것 같습니다.

 **당시에 부모님께서 기대하셨던 부분은 없으셨나요?**

어렸을 적 집안 형편은 그리 넉넉하지 못했습니다. 부모님께서는 일을 하셔야 했기 때문에 저와 함께 하는 시간이 많진 않았지만 감사하게도 부모님께서는 성적에 관해서는 질책보다 응원을 많이 해주셨습니다. 부모님의 믿음과 응원 덕분에 다른 친구들에 비해 성적으로 인한 스트레스로부터 자유로웠고 사춘기도 별다른 문제없이 지나갔습니다.

이후에 제가 학업을 마치고 진로에 대해 고민을 할 때에도 부모님께서는 제가 내린 결정을 믿고 따라주셨고 어떤 강요나 반대는 하지 않으셨습니다. 물론 여느 부모님처럼 걱정은 하셨겠지만 제 앞에선 내색하지 않으시려 애쓰셨던 것 같습니다.

사실 저는 어렸을 때부터 장래희망에 대해 고민을 해본 적이 없습니다. 보통은 일찍 이 꿈을 갖고 그 꿈을 이루기 위해 끊임없이 노력하면 결실을 이룰 수 있다고 하지만 저 는 생각이 조금 달랐습니다. '내가 나중에 무엇이 되어야지.'라고 생각하기 시작하면 그 분야에만 초점이 맞춰지게 된다고 봅니다. 예를 들어 법조인을 꿈꾼다고 하면 법과 관련된 학문만 열심히 보게 되지, 그 외의 학문인 자연과학, 인문학, 공학 등에 대해서는 상대적으로 소홀할 수 있다는 거죠. 어릴 적에 특별히 원했던 것이 없었던 저는 오히려 더 많은 분야를 둘러보고 보다 다양한 시선을 받아들이고 넓힐 수 있었습니다. 그것이 공부에 대한 부담은 줄여주고 제 사고를 더욱 자유롭게 해줬던 것 같습니다.

## 대학을 선택한 기준은 무엇이었나요?

당시 여러 학교를 지원했지만, 인하대학교에 입학할 경우 성적우수자로 4년 장학금 지원을 받을 수 있었습니다. 학교를 다니는 동안 등록금 걱정은 하지 않아도 되겠다는 생각에 망설임 없이 인하대학교 선택하게 되었습니다. 전공과목을 선택하는 데 있어서 는 가장 먼저 대학수학능력시험 점수에 맞춰서 생각했습니다. 몇 개의 전공과목이 후보로 있었는데 그 중 경제학을 선택했던 것입니다. 당시 한창 삼국지에 빠져있을 때 대학에 입학하게 된 터라 경제학을 공부하게 되면 사회기초 전반에 대해 알 수 있지 않을까 하는 막연한 기대가 있었습니다. 전체적인 사회 흐름의 기본은 경제의 원리가 반영 된 것이라고 생각했던 것이죠.

제가 대학교에 진학 할 당시에는 취업에 대한 부담감이 없었습니다. 대학교를 졸업하면 어디든지 취업이 가능한 세대였기 때문에 이후 취업문제와는 별개로 관심 있는 공부 도 할 수 있었습니다.

## 고등학교와 대학교의 차이가 어디서 느껴졌나요?

중·고등학교 시절은 조용하게, 딱히 관심 있는 일도 없던 학생이었다면 대학교 입학 후 저는 이전과는 180도 바뀐 송호창이 되었습니다. 중·고등학교 시절보다 뚜렷해진 사회의식의 영향도 있었지만 제가 대학교를 다닐 당시의 사회 분위기도 한 몫 했던 것 같습니다. 대학교 정문에 전투경찰들이 줄지어 서서 몽둥이를 들고 대학생들의 가방을 뒤지는 것이 일상이었고 소위 말하는 불온서적이나 유인물 등이 나오는 순간 바로 체포되기도 했습니다. 1980년대 격동의 시기 속에서 수업시간이라 하더라도 강의실에 앉아있을 수 있는 상황이 아니었고, 심지어 학생들을 가르치던 교수님들도 거리에서 함께 데모에 참여할 정도였습니다. 매일 그런 분위기 속에 있다 보니 조용하던 제가 자연스럽게 현실사회의 부당함과 권리에 대해 눈을 뜨게 되었고 스스로 판단하고 행동하기 시작했습니다.

데모를
접하고 뚜렷해진
인생관

▲ 민변활동 당시 촛불집회

**Q**uestion **데모에 계속 참가하시게 된** 이유가 있으셨나요?

대학교 입학 전 선배들을 만날 기회가 있었습니다. 선배들은 여러 분야의 책을 추천해 주기도 했고, 몇몇이 모여 토론을 하기도 했습니다. 그 때에는 선배들이 추천해 주는 책과 그들과의 토론에 크게 관심을 두지 않았었는데 1학년 1학기 시험이 끝난 뒤부터 사회문제에 관한 책을 찾아봤던 것 같아요.

당시 가장 인상 깊게 읽었던 책은 〈70년대 현장〉이라는 르포 집이었습니다. 그 책에 묘사된 우리나라는 1985년 보다 불과 5~6년 전의 이야기 임에도 불구하고 그 당시 국민들의 삶은 참으로 비참하기만 했습니다. 공장에서 밤낮으로 일하는 노동자들, 점점 산업화되어가는 사회 속에서 농촌생활 을 하며 생활고로 힘들게 살아가는 사람들, 도시로 이주하기는 했지만 벌집 쪽방촌 생활을 하는 사람들, 쉬는 날 없이 일하는 데도 하루 한 끼 먹기조차 힘든 사람들, 돈을 벌기 위해 창녀촌으로 향하는 사람들의 이야기가 주된 내용이었습니다.

저는 그 책을 통해 우리 사회의 가장 낮은 부분을 보게 되었습니다. 보는 내내 마음이 아팠던 것은 물론, 충격에 휩싸였어요. 저도 경제적으로 여유로운 삶을 살아온 것은 아니지만 저 정도로 힘든 사람들이 너무나 가까이, 우리 주변에 있다는 것이 낯설기만 했습니다. 서로의 삶을 상상할 수 없을 만큼 벌어진 사회 양극화. 제가 미처 보지 못한 우 리 사회의 구석지고 어두운 모습을 책으로 접한 그 때부터 사회학에 관한 공부를 많이 했습니다.

**Q**uestion **주로 어떤** 서클활동이었나요?

정문 앞에서는 전투경찰들이 무장을 한 채로 진을 치고 있었고, 학교 내에는 사복경찰들이 항상 저희 속에 섞여 있었기 때문에 늘 감시를 당하며 학교생활을 할 수 밖에 없었습니다. 당시 부정부패가 만연한 정권과 사회에 대한 신랄한 비판이 오가는 토론 활동자체가 공개적으로는 불가능했어요. 그러다보니 그들의 감시를 피해 소위 '지하서클활동'을 했어요.

학교 안에서는 평범한 학생처럼 행동하고 밖에서는 친구의 자취방에 숨어 서로 읽었던 책을 공유하고 함께 토론하는 것이 일상이었습니다. 그때 당시 전두환 전 대통령의 집권이 부당하다는 것을 알리고 비판하는 글을 대자보에 적어 경찰들의 눈을 피해 새벽에 몰래 학교 이곳저곳에 붙이기도 했어요.

학교에 있었던 학생회는 형식적이었고, 보통은 서클활동을 하는 학생들이 함께 움직였습니다. 지하서클 안에서는 우리 사회의 부정부패 등에 대해 진지하게 토론하고 집회를 주도하기도 했어요. 만약 집회를 시작하게 되면 전투경찰이 투입해 진압하고 학생들을 잡아갔기 때문에 짧은 시간 집회 후 흩어져야 했고 경우에 따라 잡혀가는 순서를 정하기도 했습니다. 잡혀가는 순번인 사람이 가장 앞에 나서서 선동하는 방법으로 진행되는 거죠. 집회는 빠르게 진행되어야 했기 때문에 선동자가 메가폰으로 "학우 여러분"을 외치며 발언을 시작하면 주위에서는 일사분란하게 유인물을 배포하고, 그 뜻을 함께 하는 사람들이 집회에 참여하는 게릴라식이었습니다.

메가폰을 잡은 사람은 이미 잡혀갈 순번이었기 때문에 경찰들이 주변을 둘러싸고 있다 해도 집회가 해산되기 직전까지 우리의 뜻을, 우리가 말하고자 하는 바를 가능한 많은 사람들에게 알리기 위해 최선을 다했어요.

## Question 데모를 하는 데 있어서 부모님의 반대는 없으셨나요?

우선 부모님께서는 제가 데모를 하는 것을 전부 알고 계셨습니다. 제가 집회 현장에서 메가폰을 잡았던 대학교 3학년 때 수배를 받고 도망 다니기 전까지는 방학마다 집으로 가족들을 만나기 위해 내려갔었어요. 집에 가는 날이면 밤을 꼴딱 새어가며 어머니와 많은 이야기를 나눴습니다.

"지금 정부는 너무나 많은 문제들이 있으면서도 국민들의 눈과 귀를 막은 채 넘어가려 하고 있어요. 그로 인한 피해는 고스란히 우리가 떠안고 있고요. 제가 계속해서 데모를 하

는 이유도 그 문제를 더 많은 사람들이 직시하고 사회를 변화시키고자 하는 마음을 모으기 위함이에요."

"그래도 나는 네가 걱정스럽구나. 세상을 굳이 그렇게 부정적으로 볼 필요가 있을까? 엄마는 네가 다치지는 않을까 걱정이다."

"어머니, 아주 극소수에 속하는 사람들, 돈이나 권력으로 사회를 장악하려고 하는 사람들이 사회를 지배하는 구조는 옳지 않아요. 저는 이 구조를 바꾸는 것을 목표로 삼고 싶어요."

어머니께서는 저를 걱정하시면서도 항상 제 이야기를 들어주셨습니다. 저의 확고한 인생관에 대해서도 어머니께 가장 먼저 말씀드렸어요. 그 때마다 어머니께서는 아들에 대한 걱정과 함께 믿음과 응원을 주셨습니다. 어머니와의 대화를 통해서 제 머릿속에 있던 생각들이 오히려 정리되기도 했고, 또 목표가 더욱 견고해지기도 했습니다.

수배 당시에는 매일매일 긴장하며 살아야 했습니다. 앞서 시위를 선동했던 선배들이 전투경찰에게 잡혀가서 조사를 어떤 방식을 받았는지 알고 있었기 때문에 저 뿐만 아니라 다른 친구들도 그 부분에 대한 두려움은 갖고 있었습니다. 그러나 당시의 사회적 상황이 너무나 열악했고, 불신, 부정부패 속에 우리보다 더 힘들게 살아가는 사회적 약자를 위해서라도 내가 할 수 있는 역할을 하는 것이 우리의 양심을 지킬 수 있는 길이라고 생각했어요. 때문에 메가폰을 잡고 정부를 비판하는 행동을 멈출 수 없었습니다.

시민운동가+
인권변호사=
송호창

대학생의 입장에서 할 수 있는 것은 사회의 부조리를 알리고 정의를 부르짖는 것이었다면, 졸업 후에는 사회의 한 일원으로서 내가 할 수 있는 역할을 충분히 해야겠다고 생각했습니다. 당시 노동자는 크게 생산직(블루칼라)과 사무직(화이트칼라)으로 나뉘었는데, 제가 졸업을 할 당시만 해도 대학을 졸업하기만 하면 90% 이상이 안정적인 사무 직종에 취업을 할 수 있었지만 저는 생산현장 속에서 노동운동을 통해 노동자들과 직장 내 민주화를 실현하고, 나아가 사회민주화와 정치민주화를 해야 한다는 생각으로 공장 에 취업하기로 결정했습니다. 부모님께는 한참 지나서야 말씀을 드렸어요.

대학교 졸업자의 신분은 공장에서 받아주지 않았기에 저는 공장에 위장취업을 했습니다. 생산직 현장의 노동자들은 당시 사회변화에 대해 가장 적극적이었기 때문에 우리나라의 민주화를 위해서 그들이 가장 큰 힘을 발휘할 수 있을 것이라고 믿었어요.

또한 대학은 졸업했지만 서클활동은 계속 했기 때문에 그 멤버들과 함께 회의하고 토론하곤 했어요.

저는 공장생활을 그 회사에 뼈를 묻겠다고 생각하고 있었어요. 그러던 중 위장취업을 한 것이 들통이 나 공장에서 쫓겨나게 되었습니다. 옆 공장에서 노조를 만들다가 경찰 들이 그 사건에 개입하면서 인근 공장에 있는 사람들까지 조사를 하게 되었습니다. 당시 노조가 있는 것이 불법은 아니었지만 선량한 시민들을 쓸데없이 선동한다고 해서 위장취업자들을 많이 잡아내던 시절이었어요.

1990년대 초반으로 접어들면서 그동안 활동했던 비공개 지하서클이 해체되었습니다. 주요멤버들의 상당수가 체포되었고, 하나 둘씩 각자의 생활에 전념하면서 자연스럽게 조직이 흩어졌습니다. 이와 같은 상황을 보며 비공개적으로 활동하는 것이 우리사회를 변화시키기까지는 많은 시간이 걸리고 한계가 있을 것이라는 이야기를 멤버들과 나눴어요. 활동의 방법을 달리 하자는 이야기가 나오기 시작하면서 저희들은 사회에 공개된 영역으로, 보다 다양하게 활동하는 현상으로 바뀌었습니다.

저는 법조계로 나아가 활동을 이어가기로 결심했습니다. 당시 초기 서클멤버 중 원희룡 전 의원, 송영길 인천시장과 함께 1990년대 중반까지 인천 지역에서 활동을 했었어요.

그 후 1995년 말부터 1999년까지 사법고시를 준비했습니다. 공부하는 동안 경제적인 부분들은 부모님께 의지할 수밖에 없었고 짧지 않은 시간동안 흔쾌히 도와주셨습니다.

사법고시를 준비하는 친구들 중에는 주변의 고시생들보다 늦게 시작하는 것에 있어서 부담을 갖는 경우를 많이 볼 수 있었어요. 하지만 그건 중요하지 않다고 생각해요. 자신만의 뚜렷한 목적의식이 있다면 최종결승선에 닿는 것은 자신의 의지에 달려있는 것이라고 봅니다. 저는 법률 전문가로서 돈이나 권력으로부터 부당한 대우를 받아 권리를 침해받는 사람들을 도우면서 우리 사회를 조금 더 건강하게 만들고 싶다는 목표가 분명하게 있었어요. 물론 저 역시 순탄하게 시험을 치른 것은 아닙니다. 사법고시 1차와 2차는 두 번씩 고배를 마셨지만 실패를 통해 얻은 불안감이 오히려 저를 더 긴장하고 단단하게 만들

었습니다. 최종적으로 합격통지서를 받고나서 유럽 배낭여행을 떠났습니다. 어딘가로 떠나는 여행도 처음이었지만 저만을 위한 시간 또한 처음이었어요. 비용이 넉넉한 여행도 아니었고, 낯선 곳으로의 첫 여행이라 두려움이 없었던 것은 아니었지만 지금 생각해보면 그 때의 여행은 나 스스로에게 선물한, 아직도 기억이 생생한, 너무나 소중한 시간이었습니다.

어떤 변호사였나요?

사법시험에 합격하고 가장 먼저 몸담았던 곳은 참여연대였습니다. 당시 참여연대의 경제민주화 위원장이 장하성 교수님이셨고, 박원순 서울시장이 사무처장이었어요. 그 곳에서 제가 맡은 업무는 심각한 경제 산업질서의 불균형 해소를 위한 제도 개선 방안 연구와 관련 활동이었습니다. 90% 이상의 경제활동 인구가 중소기업에서 근무하는데도 근무여건이나 복지 등 제도적으로 보호받지 못하는 상태였어요. 그 문제를 심각하게 여긴 참여연대는 그들의 부당한 처우 개선을 위해 제도 마련을 위한 경제민주화운동을 시작했습니다. 여러 활동 중 소액주주운동을 중심으로 재벌의 지배 구조개선 활동을 진행했는데, 저는 그 안에서 법률담당으로서 여러 가지 경제구조, 상하구조에 대해 함께 연구하고 방안을 마련하는 활동을 했었어요.

민변(민주사회를 위한 변호사 모임)에서는 변호사로서 주로 인권 관련 변론활동을 했습니다. 사회적으로 이슈가 되었던 사건들 또한 많았지만 대부분이 우리사회를 민주주의에 한 발 더 다가갈 수 있도록 하는 변론 활동들이었어요. 시민들에게 민주주의에 대 해 생각할 수 있게 하여 그들의 변화된 인식을 통해 우리사회 제도와 시스템을 민주주의적으로 바꾸는 계기가 될 수 있도록 노력했습니다. 이러한 노력들이 현실 사회 문제 의 변화를 가져오기도 하는데, 2003년에 제가 변론을 담당했던 송두율 교수님의 사건을 예로 들어볼게요. 해방이 된 후 현재까지 우리나라는 당시 제

송호창 변호사 / 정연주 전 사장 변호인
[1심] '총기탈취' 초병살해범 항소심서 징역 15년 선고

정된 국가보안법이 그대로 유지되고 있는데 세월이 많이 지나 시대적 상황이 바뀐 2000년대인 지금도 똑같이 적용되어야 하는 것에 대한 문제 제기를 했습니다. 뿐만 아니라 수사기관에서 피의자 심문을 할 때 변호인이 동참해서 변론하는 것이 합법적인 권리임을 재판에서 주장함과 동시에 대법원과 헌법재판소를 통해 피의자의 권리 중 하나로 수사기관에서 수사를 받을 때 변호인의 조력을 받는 것은 합법적인 권리라는 주제의 논문을 발표하기도 했습니다.

변호사 생활을 하며 우리사회의 인권 신장을 위해, 민주화를 위해 제가 할 수 있는 영역에서 할 수 있는 일을 한다는 것은 정말 가슴 벅찬 일이라고 생각해요. 사법고시를 준비하며 가슴에 새겼던 제 목표의식, 우리사회를 건강하게 만드는 데에 일조하자는 초심을 잃지 않기 위해 열심히 활동했습니다.

▲ 질의하는 송호창 의원

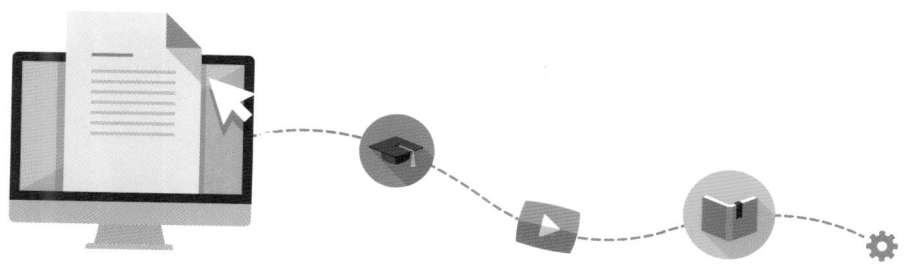

말하기보다
듣기에 충실한,
19대 의왕 · 과천
국회의원
송호창

제가 정치에 직접 참여하게 될 거라고는 전혀 생각하지 못했어요. 변호사 활동을 해오 다가 2009년부터 2011년까지 미국 코넬대학에서 공부를 했습니다. 미국에서의 유학생 활은 제 삶의 가치관 변화에 많은 영향을 끼쳤어요. 공부를 마치고 한국에 돌아왔을 때, 문득 지금까지 해왔던 일이 아닌 전혀 새로운 일을 해보고 싶어졌어요. 계속 사회활동을 통해 싸우고 변호하는 일을 주고 해왔지만 제 개인의 삶을 위한 일은 아니었습니다. 저를 위한 시간, 가족과도 많은 시간을 갖고 싶었기 때문에 제가 해야 할 일보다는 하고 싶은 해봐야겠다고 생각했어요. 당시 시민운동과 법률자문 분야에는 뛰어난 후배들이 많았기 때문에 제가 해왔던 역할을 훌륭하게 해줄 거라 믿었고, 실제로 그 때 그 친구들은 아직까지 여러 곳곳에서 묵묵하게 맡은 일을 열심히 해주고 있습니다. 그동안 해왔던 일 을 정리하고 가장 먼저 시작한 일이 글을 쓰는 것이었어요. 그렇게 완성된 책이 바로 지 난 2년 동안 이타카에서의 우리 가족 이야기가 담긴 〈같이 살자〉입니다. 저를 위한 시간 이 듬뿍 담긴 책이에요.

유학을 가기 전에 제가 살던 곳은 과천이었습니다. 유학생활 동안 아내와 아이들을 보며 제 아이들이 태어나고 자란 과천도 이타카처럼 작은 공동체를 이루어 이웃들과 함께 안전하고 살기 좋은 지역이었으면 좋겠다, 생각이 들곤 했어요. 이타카는 아무리 작은 사안이라 하더라도 주민들 간의 토론과 대화로 결정하고 늘 서로 도우

며 살기 좋은 공간 속에서 함께 살기 위해 노력하는 곳입니다. 한국에서도 실현될 수 있으면 좋겠다는 생각이 들어 가끔씩 한국의 이타카를 상상해보기도 했어요.

그렇게 한국으로 돌아왔고, 얼마 후 저와 인연이 있던 지금의 박원순 서울시장이 선거에 출마하게 되면서 자연스럽게 선거운동을 돕게 되었습니다. 사실상 제 정치 입문 계기가 박원순 서울시장이라 해도 과언 이 아니지요. 물론 당시에도 정치를 한다는 생각보다는 단순

히 서울시장 후보의 대변 인 역할만
해야겠다는 생각이었기 때문에 선거
가 끝나는 순간 바로 제가 꿈꾸던 작
가 생활과 또 지역공동체 발전을 위
한 일을 하기 위해 제자리로 돌아가
겠다고 생각했어요.

그런데 2012년 1월 말부터 주변
사람들로부터 국회의원 출마 권유를
받기 시작했습니다. 당시 제가 살던 지역에는 여당 의원이 5선을 위해 예비후보 등록하
고 선거운동을 시작한 상태였고, 다른 야당 후보들에 비해 압도적인 지지를 받고 있었어
요. 저는 그 지역에 2000년부터 살고 있었는데, 저와 어린이집을 만들고 대안학교를 세우
며 함께 아이들을 키우던 학부모들이 출마를 적극적으로 권유했습니다. 이미 그 분들과는
좋은 공동체를 만들기 위해 여러 의견도 주고받고 이야기를 많이 해왔던 상태였기 때문
에 우리가 사는 지역사회 변화에 대한 열망이 있었던 것 같아요. 그것을 좀 더 가깝게 실
현하기 위해서는 우리가 살고 있는 지역에 대해 잘 알고 실질적인 역할을 할 수 있는 사람
을 원했던 것이죠.

우리사회의 변화에 대한 갈망이 박원순과 안철수와 같은, 인물을 정치권으로 들어오게
했습니다. 기성 정치인이 아닌 국민이 원하던 사람을 정치권으로 불러들이는 것, 이것은
정치사회 60년 동안 없었던 바람이 일어난 것이죠. 저 또한 지역주민들에게 먼저 권유를
받았고 이런 새로운 정치현상을 보고, 또 그 속에 서 함께 살면서 제 개인의 행복만을 위
해 모르 는 척 할 수 없었습니다. 제 개인의 행복을 위해서는 먼저 우리가 살고 있는 사회
의 변화도 필요하니까요.

또 다른 결정적 계기를 꼽자면 한 해 뒤인 2013년이 제18대 대통령 선거였습니다. 당시
정부 이후에 또다시 여권이 정권을 잡고 국가를 운영하게 되면 우리사회의 양극화가 더 욱
심해질 것이라고 생각했어요. 제 아이들이 5년 뒤에는 사회로 나갈 시기인데, 지금 보다 더
나아진 사회에서 자신의 역할을 해줬으면 좋겠다는 마음도 컸고요. 그렇게 생각이 차츰 정

리되고 보니 아직은 제가 하고 싶은 일을 하면서 가족들과 편하게 사는 것을 꿈꾸기에는 이르다고 판단했습니다. 제가 할 수 있는 일이 있고, 제가 필요한 곳이 있다면 기꺼이 가기로 마음을 다잡았습니다. 더 나은 삶을 위해 실질적인 대안을 마련하고, 정치 구조도 바꾸고 다가오는 2013년 대통령 선거에서도 좋은 결과를 만들어낼 수 있도록 하는 것이 당시 제가 할 수 있는, 해야 하는 역할이라고 결론지었습니다.

## Question 국회의원으로서 꿈꾸는 것이 있으신가요?

정치가 올바르게 돌아가도록 하는 것이 제가 해야 할 일이라고 생각합니다. 정치는 그야말로 민생을 해결하는 것이 가장 우선이 되어야죠. 그렇게 되도록 하는 것이 제가 정치인으로서 해야 할 가장 큰 임무라고 생각을 합니다.

한 가지 더, 약속을 잘 지키는 국회의원이 되고 싶어요. 우리나라에서 국회의원이라고 하면 가십거리가 되기 일쑤인데, 대한민국의 국회의원 중에도 이런 사람이 있다는 것을 국민들이 느낄 수 있도록 책임을 다해 임할 것입니다. 훗날 국민들이 수여하는 '국회의원 모범상'이 생긴다면 제가 첫 번째 수상자가 되고 싶습니다. 약속을 잘 지키는 국

회의원도 있더라는 평가를 받고 싶은 마음이 큽니다. 공익을 위해 헌신하고 정치개혁이라는 소신을 갖고 임기가 끝나는 그 날까지, 혹은 그 이후에 제가 할 수 있는 역할이 남아 있을 때까지 열심히 일하는 국회의원이 되고 싶습니다.

저의 장점 중에 하나가 사람을 환경이나 배경 등 편견을 갖고 판단하지 않는 거예요. 어찌보면 무심할 수도 있겠지만, 중학교 때 소위 불량학생들과도 친하게 잘 지내는 편이었어요. 특별히 그 아이들이 제 눈앞에서 나쁜 짓을 하지 않는 것이 아니라면 저는 그 아이들을 나쁘게 평가하는 것들을 믿지 않았거든요.

나중에 회사생활을 할 때도 주변에서 평가를 받은 이야기가 '이언주씨의 장점은 굉장히 합리적이다. 단점은 너무 합리적이다.'였어요. 지금 정치를 할 때에도 마찬가지예요. 지금 도 항상 주위의 분위기 등에 휩쓸리지 않고 중심을 잡고 살려 노력해요. 한마디로 "내 인생 은 나의 것"이고, "내가 책임진다."는 거죠. 그리고 학연·지연이나 정치적 인연 등에 따라 편을 갈라 움직이지 않고, 무엇이 올바른 것일까 항상 원점에서 고민합니다. 어디까지나 정책적이고 정치적인 판단에 뜻이 같을 때 움직이려고 노력하는 편이에요.

## 이언주 의원

- 19대 경기광명을 국회의원
- 에스-오일 상무
- 법무법인 충정/지평지성 변호사
- 르노삼성자동차 법무팀장
- 연세대학교 법무대학원 경제법 석사
- 노스웨스턴대학교 법학 석사
- 서울대학교 불어불문학과(부전공: 법학과) 졸업
- 부산 영도여자고등학교 졸업

# 국회의원의 스케줄

## 이언주 의원의 하루

**06:30 ~ 07:00** ▶ MBC라디오 시선집중
전화인터뷰

**07:40** ▶ 어린이집 연합회
워크숍 출발 인사

**08:00** ▶ 청년위원회
조찬간담회

**09:00** ▶ 긴급 의원총회

**10:30** ▶ 인헌 초교 방문
학부모간담회

**11:30** ▶ 점심식사

**12:00** ▶ 마을 벼룩시장 방문,
민심탐방

**13:00** ▶ 기초연금관련
시민단체 간담회

**14:00** ▶ 학온동
주민들과 함께하는
논두렁음악회

**15:00** ▶ 자원봉사센터 방문

**16:00** ▶ 의원실 원격
업무회의

**19:00**
▶ CEO특강(대한상사중재원)
: 갈등의 사회, 중재 및
조정의 필요성

**17:30**
▶ 한국의료분쟁조정중재원
만찬 간담회

**21:00** ▶ 가족과의 시간
**22:00** ▶ 휴식, 독서, 페이스북 확인

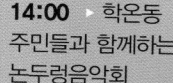

조금
특별했던
아홉살 인생

▲ 어머니, 여동생과 행복했던 유년시절

▲ '엄마' 이연주로 행복을 느끼게 해주는 아들과 함께

## Question · 어린 시절은 전반적으로 어떠셨나요?

저는 초등학교 시절을 상당기간 싱가포르에서 보냈습니다. 아버지께서 상사주재원이 되신 덕택에 다른 친구들과는 다른 경험을 가질 수 있었습니다. 요즘은 그런 친구들이 상대적으로 많이 있겠지만, 제가 초등학생이었을 당시에는 흔치 않았던 일이었습니다.

아버지께서는 외국을 갔으면 현지 아이들과 부대끼며 살아야 한다는 생각에 저를 사립 외국인학교가 아닌 싱가포르의 공립학교에 입학시키셨습니다. 현지 학교라고 해도 다양한 국적의 친구들이 여럿 있었습니다. 작은 국제사회를 형성하고 있는 싱가포르의 문화적 특징이 단적으로 드러나는 곳에서 학교생활을 한 것입니다.

물론 저는 비싼 사립 외국인학교를 가고 싶었어요. 좀 좋은 곳으로 가서 특별대우를 받고, 으스대고 싶었던 것 같습니다. 아버지 때문에 그 꿈은 좌절되었지만 지금와서 보면 현명하신 거죠. 어쨌든 그 시절 가족들이 동남아여행을 많이 다녔고, 다양한 문화를 접할 수 있었습니다. 그 덕택에 생김새도, 살아 온 문화권도 다른 다양한 사람들을 잘 이해할 수 있고, 제가 개방적인 성격을 갖게 될 수 있었습니다.

어린 시절의 이런 경험들이 나이가 든 지금까지도 도움이 되는 편입니다. 대부분의 사람들은 자신이 경험한 것 이외의 것을 접하게 되면 거부감을 느끼기 마련인데, 저에게는 그런 것들이 없는 편입니다.

# 싱가포르에서 특별히 기억되는 경험이 있나요?

싱가포르에 처음 갔을 당시에 저는 9살이었습니다. 한국에서 이미 초등학교 1학년을 마친 상태였기 때문에 당연히 싱가포르에서 2학년 과정부터 시작하는 줄 알고 있었습니다. 그런데 막상 학교에 가 보니 청천벽력 같은 소리를 전해 들었습니다.

"현재 이 학생의 어학실력으로는 본교에 편입이 어려운 상태입니다. 다음 학기에 일정수준 이상의 실력을 갖추어 편입시험을 보아야 합니다."

한국에서 영어공부를 전혀 하지 않은 상태로 싱가포르를 갔더니 저의 영어실력으로는 초등학교에 들어갈 수 없는 상황에 놓인 것이었습니다. 보통의 어머니들은 이런 상황에 놓인 자녀들에게 개인 과외를 따로 붙여가며 특별훈련을 시켜주지 않았을까하는 생각이 드는데, 저희 어머니께서는 그렇지 않으셨습니다. 9살이던 저를 유치원에 입학 시키신 것입니다.

그렇게 9살의 유치원생활이 시작되었습니다. 유치원복을 입고서 6~7살의 친구들과 함께 춤추고, 노래하면서 자존심과 생존(?)을 위해 영어를 배웠습니다. 어린나이였지만 민망하고 뻘쭘한 상황의 기억은 잊을 수가 없습니다.

'저 언니는 여기 왜 있는 거지'

'왜 우리랑 같이 수업을 듣는 거야'

저보다 체구도 작고 나이도 어린 친구들이 흘끗거리면서 제 이야기를 수군거릴 때면 여느 때보다 자존심이 상했습니다. 얼른 영어에 적응하고, 배워서 초등학교로 편입을 해야겠다는 생각이 더욱 또렷해졌습니다. 부모님께 울며 호소할 법도 했을 텐데 장녀라 그런지 한 번도 그런 생각을 못했습니다. 오히려 '영어를 배워서 부모님께 걱정을 끼쳐 드리지 말아야겠다.'라고 생각한 것 같습니다.

한번은 스쿨버스를 타고 등교를 하는 길에 유난히 버스 안에서 저를 보면서 수군거리는 것이 느껴졌습니다. 기분이 상해서 그 친구에게 그러지 말라고 얘기를 하려던 찰나, 내가 화를 내면 아이들과 사이가 틀어져서 더 이상 스쿨버스를 타지 못하는 상황이 생기면 어쩌나하는 생각이 들었습니다. 스쿨버스가 아니면 집에서 유치원에 혼자 걸어 다 닐 수도 없는 상황이었기 때문에 조금만 견디자는 생각을 했습니다.

그렇게 몇 달이 지나고, 유치원 생활을 우여곡절 끝에 마무리 지었습니다. 초등학교 편입시험도 치르게 되었습니다. 그리 뚜렷하게 향상되었다거나 달라진 것은 없었지만, 어찌되었든 겨우 턱걸이 했습니다. 아마도 유치원과정이 없었다면 금방 적응하긴 어렵지 않았을까하는 생각이 듭니다. 말이 좀 안 통하거나 문화가 다르다 해도 유치원에 있던 상황보단 훨씬 나았거든요.

## Question 한국에서의 학교생활은 어떠셨나요?

싱가포르의 학교생활에 적응해서 잘 지내는데, 갑자기 아버지의 임무가 다 끝나시는 바람에 가족들이 다 함께 한국으로 돌아오게 되었습니다. 한국에서의 학교생활은 저에게 '낯섦' 그 자체였습니다.

처음 전학 간 날, 청소시간에 반장과 부반장이 본인들은 청소를 하지 않고 다른 친구들에게만 역할을 부여하고 감시하는 걸 보았습니다.

"너희는 청소를 하나도 하지 않으면서 왜 남보고 하라고 하는 거야"

불공평하다는 생각이 들어 바로 반장과 부반장에게 물어보았습니다. 그 때 두 친구는 어이없다는 듯이 저를 쳐다보았고, 그 다음날부터 저는 왕따가 되어있었습니다. 반 내부의 '계급'을 몰랐던 것입니다. 한국으로 돌아오자마자 이런 일을 겪게 되니 아버지께 울면서 다시 싱가포르로 가고 싶다는 말을 수없이 했던 것 같습니다.

초등학교라는 곳이 처음 사회생활을 시작하는 곳이라는 것을 잠시 잊고 있었던 것입니다. 자신의 집이 부유할수록 의기양양해지고, 엄마가 학교에 자주 오시기라도 하면 큰소리치는 경우들이 있었습니다. 서로 아버지 직업이나 집이 얼마나 큰지를 궁금해 하고 그것들로 상대를 평가하는 모습이 어색하게만 느껴졌습니다.

중학교로 진학을 하면서부터는 조금 편해졌습니다. 초등학교와는 달리 공부해야하는 양이 많아져선지 아니면 더 철이 들어선지 끼리끼리 편 가르고 하지는 않았습니다. 중학교 시절, 제 성적은 상위권이었습니다. 자연스럽게 성적이 우수한 친구들에게 리더십이 따르는 시기이다보니, 전 임원활동도 하게 되었습니다. 함께 어울리는 친구들도 생겼고, 그 친구들과 함께 공부를 했습니다. 성적은 천차만별이었지만, 다 같이 모여서 성적을 올리자고 했었기 때문에 결과적으로 다들 성적이 많이 올랐었습니다. 이따금씩 시험이 끝나는 날이면 친구들과 만화방으로 몰려가고, 학교 앞 분식점에서 배터지게 떡볶이를 먹었던 기억이 새록새록 나곤 합니다. 그 때가 재미있었어요.

# 학창시절은 '나'를 완성하던 시간

▲▲ 학창시절 이언주의원

합창, 환경미화, 연극 부까지, 특별활동을 열심히 했던 편이었습니다. 뭔가 아이디어를 내고 "일을 꾸미는" 것을 좋아했고, 사람들을 모아 그것을 실행에 옮기곤 했습니다.

'우리가 상당히 많은 시간을 학교에서 보내고 있는데, 왜 이렇게 삭막한 환경에서 공부를 해야 하는 걸까'

중학교 시절이었을 겁니다. 하루는 친구들과 환경미화에 대해 이야기를 하기 시작했습니다. 당시 저희 교실을 비롯해서 모든 교실이 하얀색 바탕에 초록색으로 되어 있었는데, 갑자기 너무 지루하더군요. "왜 흰색과 초록색일까? 특별히 꼭 그래야 하는 건 아 니더라고요. 항상 무언가 당연시되는 것도 이해가 안 가면 의문을 품고 생각에 빠지는 성격이거든요. 결국 학급친구들과 함께 돈을 모아서 따뜻한 느낌의 원목과 베이지 톤 의 교실로 바꿀 페인트칠을 해보자는 내렸습니다. 말이 떨어지기 무섭게 실행으로 옮겼습니다.

막상 시작하고 보니 힘든 것이 이만저만이 아니었습니다. 한창 벽을 칠하다보니 밤이 되었는데, 반도 안 된 상황에서 다들 집으로 가야 하는 시간이 되어버렸습니다. 제 모습 을 보자니 페인트자국도 여기저기 묻어있고, 페인트칠도 생각만큼 쉽게 되지 않았습니다. 순간적으로 눈물이 왈칵 쏟아지기 시작했고 왜 이걸 시작했는가 하는 후회도 들었습니다. 그도 잠시, 당시에 제가 반장이다 보니 책임감이 먼저 앞서게 되었고, 집에 가려는 친구들에게 호소를 했습니다. 결국 모두가 힘을 합쳐 밤을 새다 시피해서 작업을 마무리 지을 수 있었습니다. 이전에 비해 화사해지고 포근해진 교실분위기에 이전에 힘들었던 것들이 눈 녹듯이 사라졌습니다. 압도적인 점수로 환경미화 심사에서 1등도 했었고, 반 친구들끼리의 단합도 잘 되어서 그 이후에 했던 반 합창대회 시합에도 계속 1등을 했습니다.

이 밖에도 다른 소소한 것들이 있었는데, 제가 반장을 맡고 있다 보니 다양한 일들을 계획하고 추진하기가 참 좋았습니다. 리더십을 많이 경험할 수 있는 계기였고, 무엇보다 다 같이 힘을 합해 좋은 방향과 결론으로 이끌어 냈다는 것에 보람을 느낄 수 있었습니다.

## 힘들어 했던 과목은 없으셨나요?

저는 역사나 지리과목을 좋아하는 반면에 수학 과목은 어려워하는 편이었습니다. 문과생의 특징이라고 볼 수 있겠지만 항상 '왜 내가 수학을 공부해야하는 걸까'하는 의문이 들곤 했습니다.

하루는 이웃집에 사는 수학과에 재학 중이던 오빠에게 미분·적분문제를 물어보는 일이 있었습니다. 그랬더니 그 오빠가 저에게 그 문제의 풀이를 알려주는 대신에 미분·적분의 유래를 알려주는 것이었습니다. 수학이 멀게만 느껴지는 전문영역이 아니라 인문 학적으로 접근 할 수 있게 된 셈이었습니다. 그때부터 어렵게만 느껴졌던 수학이 새롭고 재미있는 학문으로 다가왔습니다. 고등학교 2학년 겨울방학 때에는 수학의 재미에 빠져서 어려운 응용문제를 일부러 구해서 풀 정도가 되었습니다. 덕분에 저는 수학을 재미있게 공부할 수 있었고, 성적도 쉽게 올릴 수 있었습니다

성적이 좋지 않았던 과목은 '국어2'라고 해서 지금의 고전문학이었습니다. 아무래도 외국생활로 인한 한계가 아니었을까 합니다. 다른 친구들보다 옛 조상들의 정서나 구전문학에 약한 편이었습니다. 성적이 오르는 것은 고사하고 달리 해결책을 찾지 못해서 다른 과목들에 비해 점수가 많이 낮을 수밖에 없었습니다.

▶ 교육용 전기료 인하 특위 발대식

독립할 수 있는
최고의 기회:
대학

▲ 대학교 졸업식에서 어머니와 함께

# 고등학교 시절에 가장 기억에 남는 부분이 있으신가요?

고등학교 1학년까지는 여전히 특별활동을 즐기고 친구들과 어울리는 것을 더 좋아해서 마음이 맞는 친구들과 영어연극부를 만들어 공연을 하기도 했습니다. 사실 연극을 하게 되면 여러 학교 간 연합서클에 들 수 있었습니다. 남학교와 여학교가 함께 하는 거죠^^ 단순히 연극반을 만들겠다고 하면 놀기만 하는 것 아니냐는 어른들의 질책을 받을 것 같아서 영어로 연극을 하면서 영어공부를 더 하겠다는 명분으로 특별활동 반을 만들게 된 것입니다.

본심이야 다른 곳에 있었지만 기왕 시작한 것 영어연극부로서 열심히 활동 했습니다. 당시에는 영어대본도 쉽게 구할 수 없었습니다. 이곳저곳 발품을 팔아 영어 책자를 구할 수 있었고, 연극 비디오테이프로 보고, 들어가며 그 모습들을 재연하기도 했었습니다. 또한 연극을 어설프게 진행하고 싶지 않아서 극단을  찾아갔습니다. 특별하게 저희가 수업을 받은 것은 아니었지만, 연극배우들을 쫓아다니며 그분들의 연습장면을 볼 수 있었습니다. 귀찮아하실 정도로 쫓아다니다보니 가끔 가르쳐 주기도 하더군요.

실제로 영어연극부를 하다 보니 영어공부가 절로 되긴 했었습니다. 게다가 다른 많은 것을 배우지 않았나하는 생각이 듭니다. 대본이며, 연기연습, 무대를 만드는 것들, 부원들과 하나부터 열까지 무언가를 함께 만들어가는 과정 속에서 분명히 저 스스로 배우고 느낀 것들이 있었을테니 말입니다.

그러던 학기말쯤에 모의고사를 보게 되었는데, 성적이 실망스럽게 나왔습니다. 대학에 진학하는 순간부터 독립을 하고 싶었던 저로서는 이런 성적으로는 도저히 독립을 꿈꾸기 어렵겠다는 생각이 들어, 아차 싶었습니다. 2학년에 올라가서는 공부만 하겠다는 마음을 먹었습니다. 특별활동을 하는 대신 친구들과 공부하는 모임을 만들기로 했습니다. 무슨 일이 있어도 밤 11시까지 학교 도서관에 남아 공부를 했었고, 다들 성적이 오를 수 있었습니다. 결과적으로 저 또한 독립을 할 수 있게 되었습니다.

## Question 왜 대학 때 독립을 하려고 하셨나요?

누구나 청소년기에 한 번씩은 사춘기를 겪을 거라 생각합니다. 그렇다고 유난스러운 질풍노도의 시기를 겪은 것은 아닌데, 부모님께서 저에게 관심을 가져주시는 것들이 부담스럽기만 했습니다. 저만의 비밀이 하나 둘 씩 생겨날 때였는데, 저의 사생활이 따로 없는 것이 괜히 힘들었습니다.

'나는 반드시 독립을 해야지!'

독립을 꿈꾸게 되면서 곰곰이 생각해보니 독립을 하기 위해서는 제가 공부를 열심히 해야 한다는 결론이 내려졌습니다. 제가 살던 곳은 부산이었는데, 어중간한 성적으로 대학을 진학하게 되면 결코 부모님이 계시는 부산에서 벗어날 수 없을 것이라고 생각했습니다. 무조건 부산에서 먼

곳, 이왕이면 서울로 대학을 진학하자고 마음을 먹었습니다.

지금 생각해보면 어렸을 때부터 제가 독립심이 강한 편이라서 주체성이 남들보다 또렷했었던 것 같습니다. 그래서 지금까지도 제 것을 결정하는 데 있어서 남들의 의견에 쉽게 좌지우지되지 않는 편이기도 합니다. 실제로 대학을 서울로 진학하면서 부산을 벗어나게 되었을 때 혼자 사는 것에 금방 적응하기도 했고, 저 말고도 다른 지역에서 왔던 친구들을 보면서 신기해하기도 하고 함께 어울리며 재미있게 잘 지낼 수 있었던 것 같습니다.

국제거래
변호사
그리고 최연소 30대
대기업 임원

직업을 선택하는 기준이 있었나요?

제가 워낙 새로운 것을 경험하고 사람들을 만나는 것을 좋아하다보니 직업을 갖게 될 때 이것들을 아우를 수 있는 직업을 갖고 싶다는 생각을 했었습니다.

그렇게 꿈꿨던 직업이 외교관이었습니다. 이를 목표로 대학에서 공부를 하는데, 제가 꿈꾸던 일이 실제 외교관이 하는 일과는 차이 가 있다는 것을 알게 되었습니다. 단순히 정부를 대리하는 공무원이죠. 저처럼 독립심이 강하고 주관이 뚜렷한 사람에겐 적합지 않다 는 생각을 했습니다. 그래서 외무고시 준비도 관두게 되었고 마침 1차 과목이 비슷했던 사법시험으로 바꾸었습니다. 국제거래 전문 변호사야말로 그때 그때 사안별로 민간 외교관 역할도 하면서 비교적 자유로운 삶을 살 수 있을 거라 생각했던 것입니다.

Question 변호사로서의 삶은 어땠나요?

1997년에 사법시험에 합격을 하고, 연수원을 2년 다녔습니다. 연수원생활을 마칠 때 쯤 1999년 9월인가부터 일찌감치 로펌에서 변호사 업무를 시작했습니다. 마지막 시험은 거의 신경을 쓰지 않고 일한 셈입니다. 원래부터 로펌을 갈 생각을 하고 있었기 때문입니다. 이전에 실습을 하기 위해 법원을 갔는데, 저와는 맞지 않다는 것을 느꼈습니다. 현장에서 직접 보고 들으며 일을 하고 싶었는데, 법원의 생활은 혼자서 책상에 앉아 많은 문서를 보고 공부 또한 많이 해야 하는 학자의 삶 같았습니다. 또한 상하관계가 분명한 조직에서의 검사생활에 과연 내가 적응할 수 있을까하는 의문을 갖게 되면서 보다 자유로운 성향의 저는 변호사의 삶이 더 맞는다고 생각했습니다. 그렇게 로펌에 들어가게 되었고, 변호사로서 국제 분야에서 일을 하게 되었습니다.

첫 직장이었던 법무법인 충정에서는 외국인 투자, 국제거래, 해외투자 등을 주로 맡아 진행을 했는데, 그렇게 곁눈질로 공부하게 되었던 것들이 실물경제에 대해 눈을 많이 뜨게 해주었습니다. 저에게 정말 잘 맞는 역할이었습니다. 변호사로서의 보람도 있었고, 일의 재미도 한층 더 많이 느낄 수 있었습니다. 그렇게 3년

을 일하다보니 친한 변호사가 저에게 로펌을 창업하자고 제안을 해왔습니다. 그게 지금의 법무법인 지평지성 합병 전의 지성입니다. 저는 지성의 창립멤버였습니다. 5명의 변호사로 구성하여 시작했고, 벤처기업이나 중소기업의 자문을 주로 진행 했는데, 이전 대형 로펌에서 큰 기업들을 자문할 때 몰랐던 대기업이 횡포, 중소기업의 열악한 여건을 속속들이 알 수 있었습니다. 그러던 중에 로펌에서 자문을 하는 것에 한계가 있다는 것을 느끼게 되었습니다.

저는 자세하게 알고 제대로 일을 진행하기위해 현장 에 직접 가서 진행하는 것을 선호했었는데, 제가 움직이는 시간들이 모두 돈(time charge)으로 환산되어 의뢰인 에게 부담을 주게 되는 역효과가 생겼습니다. 오히려 의뢰인들은 제가 시간을 더 쓰지 않길 바라고, 사무실에서 듣는 내용만으로 해결해주길 원했습니다. 이런 부분들 에서 발생하는 갈등을 해소하지 못하고 현장에서 직접 배우고 해결하고 싶다는 생각에 기업으로 직장을 옮기게 되었습니다.

> **Question** 기업에서는 무슨 역할을 하신건가요?

당시에 르노 삼성자동차는 프랑스의 르노 그룹이 삼성자동차를 인수한 이후에 조금씩 안정을 찾아가는 시기였습니다. 그러던 가운데 여러 가지의 기업구조와 문화를 개선하기 시작했는데, 그 중 인사와 재정 등을 합리화하고 선진 준법 시스템을 도입하려고 하였습니다. 저는 그런 시스템 등을 감시하고 조언을 해주는 역할로 가게 되었습니다.

"이언주씨는 얼마의 연봉을 생각하고 있나요"

"저는 연봉으로 ****만원을 생각하고 있습니다. 아직 제 능력을 입증하지 못했으니 직위든 연봉이든 큰 욕심은 없습니다. 다만, 제가 준법시스템과 윤리경영시스템에 관련해서 성과를 많이 내면, 승진과 그에 따른 연봉인상을 해주십시오."

르노삼성자동차는 외국계회사여서인지 간부부터는 연봉협상이 맨투맨으로 이루어 졌습니다. 그래서 처음에는 차장으로 입사를 하게 되었지만 상당한 성과들을 내면서 고속승진이 가능했고, 연봉 또한 협상을 통해 많이 인상되었습니다.

제가 했던 업무들을 얘기하자면, 1년 만에 준법관련 인력조직을 새로 정비하고 기술 파트에서 특허를 지적상권 분야까지 통합하게 되었는데, 업무를 전문화 시키면서 총괄 통제도 직접 하게 되었습니다. 여기저기 나누어져 있던 준법분야들을 체계화 시킨 셈 입니다. 그래야 조직적으로 매끄럽게 잘 굴러갈 수 있기 때문입니다. 가이드라인이나 역할 분담의 틀을 만들어 회사 전체에 배포하고 이와 같은 사항들이 지켜지지 않았을 때 어떻게 해야 하는지 공지했습니다. 특히 업무적인 부분에 있어 개인정보에 관한 문제부터 고객과의 문제 해결 절차 등에 관련하여 체계화된 시스템으로 정착을 시켰습니다. 회사의 입장에서 보면 고객과의 분쟁을 조용히 덮는데 급급해 한다면 부당하게 끌려 다닐 수도 있기 때문에 무엇이든 투명하게 공유했습니다. 하도급 업체에 대한 부분에 있어서도 확실하게 하기 위해 관련 위원회를 만들어 최종적인 합의를 이끌어 낼 수 있도록 했습니다.

물론 편하게 일하고자 하는 사람들에게는 볼멘 목소리를 듣기도 했는데, 시스템이 점점 안정화되고 정착하면서 오히려 체계적으로 일하게 되자 직원들의 사기도 높아졌습니다. 3년 동안 르노삼성자동차에서 근무를 하며 회사 문화를 좋은 방향으로 이끌어 나갔다는 호평을 받으며 본사에서 스톡옵션을 받고 부장-이사 대우까지 고속승진을 했습니다.

르노삼성자동차에서 시스템을 정착시키고 나니 새롭게 만들어내는 것들은 별로 없었고 자연스럽게 단순한 운영관리 형태로 저의 업무가 바뀌게 되었습니다. 좀 지루해 진거죠. 실은 다른 성격의 업무로 옮길 수 있을까 하던 찰나, 에스오일 측에 연락이 왔는데 르노삼성자동차처럼 준법/사회적 책임시스템을 확립해야하는 고민을 하던 중에 제 얘길 들었다는 것이었습니다. 르노삼성자동차에 대한 미안함이 있었지만 제가 해야 할 일은 마무리된 상태였고, 다음 역할은 제 후배들이 진행해도 무난한 것들이어서 에스오일로 이직을 하게 되었습니다.

나중에 알고 보니 당시에 제가 근무하고 있던 르노삼성자동차에서 제 칭찬을 많이 해주어서 평이 좋게 나 있었기 때문에 에스오일 측에서 많은 전문가들을 두고 저에게 먼저 연락을 취했던 것이었습니다. 제가 맡은 일을 최선을 다해 열심히 하니까 또 다른 좋은 기회를 얻을 수 있게 된 것이었습니다.

에스오일로 옮겨 가면서 새로이 일을 하기 시작했습니다. 르노삼성자동차에서 했던 것처럼 A부터 Z까지 시스템을 정비하고 정착시켜 안정화하는 것을 담당했습니다. 에스-오일에서는 상무까지 승진을 했었는데, 당시 저는 30대 후반이었습니다. 덕분에 2008, 2009년도 대한민국 30대 기업 모두 통틀어 최연소 임원 승진자로 선정되어 여러 경제지에 제가 소개되기도 했었습니다.

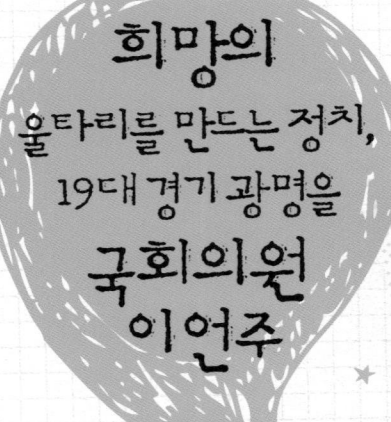

**희망의**
울타리를 만드는 정치,
19대 경기 광명을
**국회의원
이언주**

▲ 즐겁기만 했던 선거운동

...다! 광명시민들과의 소통의 공간

▲ 광명시민들과의 소통이 최고의 원동력이라고
말하는 이언주의원

저는 부산의 중산층 가정에서 태어나 어릴 때는 해외생활도 하는 등 비교적 남부럽지 않은 생활을 했어요. 저희 아버지의 사업이 어려워지시기 전만 해도 가정형편이 그렇게 나빠질 것이라고 생각해본 적이 없었습니다.

그러던 어느 날 아버지의 사업이 부도가 나시면서 TV 드라마에서나 보던 상황이 우리 가족에게 닥치게 되었습니다. 가족은 뿔뿔이 흩어지는 상황이 되었고, 어머니께서 보험판매원과 각종 부업을 하시며 가족의 생계를 책임지셨습니다. 사법시험을 준비하는 중에 닥친 날벼락이었습니다. 하지만 낮에는 서울 개봉동, 독산동 등지에서 학습지교사를 하고, 밤에는 호프집 아르바이트 등을 하면서 공부를 계속해 나갔습니다. 사법시험 공부할 돈도 없고 고등학교 다니던 남동생의 학비는 물론이거니와 가족들 생계도 어려워 친척집에 돈을 빌리러 다니다가 어머니를 붙잡고 울던 기억이 납니다.

이 때 가장의 몰락으로 어려운 상황에 처한 사람들에게 사회적인 보호가 심각하게 부족하다는 것을 느끼게 되었어요. 아버지의 사업이 실패를 하니 가족 전체가 그대로 주저앉아야 하는 상황에 처하게 되었고, 그 고통을 고스란히 개인 스스로 겪고 해결해야 한다는 것이 어렵기만 했죠. 그나마 저희 남매가 어느 정도 성장한 후였으니 망

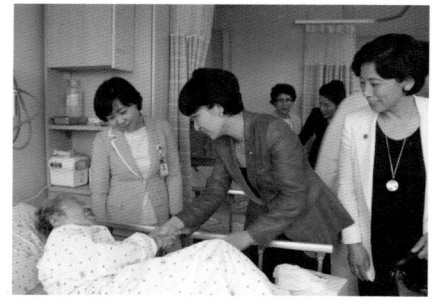

정이지 만약 저희 남매가 훨씬 어린아이들이었다면 저희 인생이 어떻게 되었을까요?

안 좋은 상황들의 연속이고, 해결하고 싶어도 계속 늪지대로 빠지게 되니 힘이 빠져버리는 것은 한 순간이었어요. 울면서 잠들 때가 한 두 번이 아니었죠. 하지만 독하게 마음먹고 공부했습니다. 다행히 사법시험에 합격했고, 이후에는 빚을 얻어 생활하면서 사법연수원을 수료할 수 있었습니다. 그때만 해도 열심히 노력하면 개천에서 용이 날 수 있는 시대였습니다. 이후 빚을 갚기 위해, 그리고 가족들의 생계와 동생들의 학비를 보태주기 위해 정신없이 살아왔던 것 같습니다.

사법연수원 수료 후 변호사로 활동하면서 평소 사회문제에 관심이 많기도 했고, 정치권 의 영입제안을 받기 전부터 스터디도 하고 글도 쓰고, 내가 종사하던 CSR(기업의 사회적 책임) 및 경제법 분야에서 정책제언도 하면서 나름의 활동을 하고 있었습니다. 현실정치 에 뛰어들기 보단 외곽에서 정치권에 비판과 조언을 하며, 경제전문 변호사로써, 기업에서 준법과 사회적 책임을 책임진 사람으로서 본연의 역할을 충실히 하는 것이 좋다고 생각했습니다.

그러나 결정적으로 출마를 결심하게 된 것은 2011년 어머니가 돌아가신 일 때문입니다. 어머니는 가족을 위해 열심히 일하셨지만 힘든 상황 탓에 정작 자신의 건강은 돌보지 못하셨습니다. 제가 변호사가 되고 동생들도 자립하면서 집안 형편이 조금 나아져 어머니 건강을 챙겨드리기 시작했지만, 이미 간경화가 많이 진행되었고 결국 암으로까지 발전하게 되었습니다. 특히 남동생이 나서서 생체간이식까지 했지만 실패하고, 병원에서 돌아가셨습니다. 그걸 보면서 굉장한 충격을 받았어요. 예방은 고사하고, 제때 치료를 못해 병을 키운 셈이었으니까요.

국가가 사회안전망을 보장해주지 않는 상황에서 위기가 그대로 개인의 부담으로만 이어지는 것은 국가가 국민에 대한 책임을 다 하지 않는 것 이라고 생각합니다. 저는 이것을 제가 경험하고서야 깨닫게 되었습니다. 장애인복지라든지 기초생활보장제도, 아이들 학비 문제, 보육문제, 의료비 등에 대한 최소한 기준이라는 것을 생각하게 된 것입니다. 그 때 저는 사회안전망을 제대로 구축해 우리 집처럼 갑자기 집안에 비극이 닥쳤을 때 가족들의 삶이 전부 비참해지는 구조적 문제를 반드시 고쳐야겠다고 다짐했습니다. 지금의 내가 비록 풍족하고 여유롭다하여 미래의 나, 미래의 내 아들이 갑자기 나락으로 떨어지지 않는다고 누가 장담하겠습니까? 미래에 대한 걱정 없이 누구나 소박한 행복을 누릴 수 있고 누구나 도전하고, 실패해도 재기할 수 있는 사회가 실현되어야 한다고 생각합니다.

저희 아버지께서도 한 번의 사업실패로 주저앉으신 뒤로는 새로운 시도를 하기를 어려워하십니다. 재기를 할 수 있는 여건도 안 되었거니와 또 한 번의 실패를 경험하게 된다면 이미 경험했던 가족들의 불행을 다시 한 번 지켜봐야한다는 것에 박차고 일어날 수 있는 의지조차도 사라지게 되신 겁니다. 이런 부분들이 해결되어야 다른 가족들에게도 균등하게 기회가 보장되어서 능력발휘를 할 수 있게 되고, 본인들에게도 도전 할 수 있는 환경을 만들어주는 것이기 때문입니다. 그래서 내가 하고 싶은 것이 있어도 미래가 불안하기 때문에 대부분이 안정된 공무원이나 전문직으로 지나치게 몰리는 것이고, 모험이나 도전을 꺼리게 되는 것입니다. 이것은 단순히 사회 안전망 뿐 아니라 경제 활성화와도 연결되는 문제라고 생각했습니다. 결국은 이때의 고민이 제가 정치를 하는 데 있어 기본적인 동기부여가 되었습니다.

## Question 정치 입문 시 주변의 반응은 어땠나요?

"네가 아무리 열심히 해도 욕만 먹고 여기저기 휩쓸려 다니기만 할 텐데, 왜 굳이 힘든 길을 선택하려고 하느냐"

처음 정치를 시작하려고 했을 때 남편을 비롯해 친정식구들까지 무척이나 반대가 심했어요. 정치라는 직업이 상처를 많이 받는 직업이기 때문에 나를 걱정하는 분들은 말리기 급급했습니다. 학교 다닐 때부터 정치적 투쟁을 해온 우리 윗세대들과 달리 소위 저 같은 'X세대'들은 사실 지금처럼 갈등이 심한 정치구조와는 별로 어울리지 않는지도 모릅니다. 그럼에도 제가 정치의 길에 들어선 것은 앞서 말씀드린 개인적인 사연 때문이었죠.

저는 정치를 하겠다는 마음을 끝까지 굽히지 않았고, 결국 제 선택에 반대를 하던 사람들도 하나같이 무엇 하나라도 도움을 주려했습니다. 특히 제 남편이 가장 든든한 후원자 역할을 해주는 편입니다. 저에게 이왕 하게 된 것 끝까지 잘하라고 용기도 북돋워주면서 저로 하여금 가사에 대한 부담을 최대한 덜어줍니다. 정말이지 여자가 사회생활을 잘하기 위해서는 남자를 잘 만나야 한다는 말이 맞는 것 같습니다. 저는 시댁식구들까지 잘 만난 케이스입니다. 아내나 며느리가 바빠서 집안일을 잘 하지 못하게 되면 안 좋게 보는 경우도 있다고들 하는데, 저희 집은 절대 그렇지 않습니다. 오히려 밥은 잘 먹고 다니는지, 몸 상하지 않도록 조심하라는 등 저에 대한 걱정부터 하시는 편입니다.

저 또한 이에 부응하기 위해서 주말에 있는 지역 행사 등에는 늘 가족과 함께 움직이는 편입니다. 최대한 가족들과 함께하는 시간을 만들기 위해서 말입니다. 제가 지금 국민을 대표하여 대한민국을 위해 일을 하고 있는 것 또한 내 가족들의 행복과 안녕을 위한 것이 라는 마음을 절대 잊지 않기 위해 노력하고 있습니다.

## Question 국회의원이 되셔서 새롭게 알게 된 점들이 있으신가요?

제 주변에는 정치에 관련된 분들이 안 계셔서 그런지 정치입문을 하기 전에는 국회에 대해서도 잘 알지 못했습니다. 실제로 국회에 들어오기 전까지 국회에는 국회의원들만 이용하는 전용 엘리베이터가 있고, 국회의원실은 으리으리하다는 풍문을 진짜로 알고 있었습니다. 막상 국회의원이 되어보니 그 풍문들은 과장된 것이고, 정말이지 국회의원이라는 직업은 오해 속에서 사는 직업이라는 것을 실감하게 되었습니다.

국회는 국민들의 눈과 귀가 집중되는 장소입니다. 국회의원도 하나의 직업이고, 공직이다 보니 국민의 세금으로 이루어지는 것들은 하나라도 가벼이 여겨서는 안 됩니다. 소명 의식 없이는 버티기 어렵습니다. 그러다보니 솔직히 삶의 질은 대기업 임원일 때 보다 떨어졌습니다. 특히 지역구 의원들이 저마다 지역구민들과 소통하기 위해 운영하고 있는 지 역사무실은 운영비가 따로 지원이 되지 않습니다. 그렇기 때문에 일괄적으로 국회의원의 사비로 운영될 수밖에 없습니다. 물론 후원금이라는 것이 있겠지만, 그것으로 채워지는 것들도 한계가 있기 때문에 원활한 운영을 위해서는 아직까지 부족한 것들이 많은 편입니다.

함께 일하는 보좌진들의 인원도 충분한 편이 아닙니다. 어떠한 사안을 가지고 움직여야 할 때에는 다들 밤새서 일을 해도 부족할 만큼 양이 방대합니다. 밀양 송전탑 사건을 예로 들자면, 송전탑이 주민들에게 몸이 나쁜지 좋은지는 아직 검증이 안 된 상태입니다. 검증이 되지 않았다는 것은 주민들에게 해로운 영향을 끼칠 수 있다는 확률 또한 있고, 의학논문에서 보니 50대 50의 확률이나 된다는 것입니다. WHO(세계보건기구)는 아직까지 문제가 발생하지는 않았지만 그 지역에 살지 않았으면 좋겠다는 의견을 내놓은 상태입니다. 다수의 전력사용 편의를 위해서 송전탑이 필요할 수도 있지만, 그 다수를 위해서 특정 지역의 소수더러 마땅히 스트레스를 받거나 피해를 입을 것을 강요할 권리는 누구에게도 없습니다. 그래서 저는 최소한 집단 이주라도 시켜주어야 한다고 생각했습니다. 보통 고속도로가 마을 가운데를 통과하게 될 경우 그 마을 주민들의 찬반여부에 따라 집단 이주를 시켜주기도 합니다. 이 문제가 단순히 주민 개개인이 감당해야 할 문제가 아니기 때문에 국가적인 차원에서 어떠한 방책을 내놓아야 한다고 생각했습니다. 현재 대안을 제시하기 위해 관련 논문 검토, 해외 사례 검토, 법적 검토 등이 필요한데, 전문 인력들이 턱없이 부족합니다. 대개 제 사적 인맥의 도움을 받거나 안 되면 후원금으로 용역 발주 도 하는데 미미합니다. 보좌진의 전문 인력풀도 부족하지만 선진국에 비해 국회 자체(사무처, 입법조사처, 법제실 등)나, 정당 연구소의 전문 인력풀이 턱없이 부족한 편입니다.

## Question 스스로 비전을 위해 노력하시는 부분이 있으신가요?

정기적으로 '대안모임'이라는 곳에서 정치적인 뜻이 맞는 사람들끼리 한 달에 두 번 씩 모여서 공부를 계속 하고 있습니다. 2013년 상반기부터 시작했는데, 복지나 사회문제, 경제문제에 대해 공부했었습니다. 공정경쟁과 사회안전망 포럼, CSR 정책포럼도 조직하고 참여하고 있습니다. 한 곳에 머물러있고, 멈추어 있는 정치인보다 계속해서 새로운 정책과 그 내용에 대해 아는 정치인이 보다 빠르게 국민들을 위해 힘쓸 수 있다고 생각했습니다.

또 하나는 저의 사생활에서 행복을 만들기 위해 노력합니다. 시대가 불안정한 옛날에는 불우하고, 입지전적 인물이 리더로 역할을 했다면, 건강하고 긍정적인 마인드를 가지는 것이 현대사회 리더의 덕목 중에 하나로 생각합니다. 스스로 긍정적이어야 국민들에게 희망을 줄 수 있습니다. 예전에는 '나를 따르라!' 혹은 '한 번 바꿔보자!'였다면, 이제는 '함께 가자!', '현실이 이러이러해 한계가 있지만 인내하며 더 나은 미래를 위해 함께 가자'고 말할 수 있어야 합니다. 그러려면 희망을 줄 수 있어야죠. 우리나라의 역사의 특성상 긍정적인 마인드의 리더가 부족한 편이었는데, 이제는 최대한 긍정적인 마인드를 만들어 국민들에게 그 에너지를 전파하고 전염시킬 수 있는 리더가 되고 싶습니다.

정치는 그 자체만으로 '꿈'을 줄 수 있어야 합니다. 법을 만들고 법을 바꾸는 것은 국회의원의 가장 기본적인 정치 행위이지만, 사실 새로운 '비전'을 제시하는 것 또한 정치라고 생각합니다. 새로운 패러다임 말입니다. 국민들에게 '이렇게 살면 행복해진다'는 희망과 비전을 제시하는 것이야말로 진정한 정치의 역할이라고 봅니다.

------------------------------------------------

# 이종훈 의원

- 19대 성남 분당갑 국회의원
- 명지대학교 경영학과 교수
- 한국개발연구원 KDI 연구위원
- 코넬대학교 대학원 경제학박사
- 서울대학교 대학원 경제학 석사
- 서울대학교 경제학과 졸업
- 배명고등학교 졸업

# 국회의원의 스케줄

## 이종훈 의원의 하루

**23:00**
▶ 하루일과 정리 및 내일 업무 정리

**06:00 ~ 07:30**
▶ 의원회관 도착 및 아침운동
**09:00**
▶ 경제민주화실천모임 운영 위원회 회의

**22:00**
▶ 지역사무실 방문, 지역민원 회의
**20:00**
▶ 국정감사 관련 의원실 보좌진 전체회의

**10:00**
▶ 재외동포의 국내 체류 지원 정책토론회
**12:00**
▶ 기상청 국정감사

**17:00** ▶ 기상청 국정감사 관련 기상선 시찰
**18:00** ▶ YTN 건설근로자 공제회 국정감사 관련 생방송 인터뷰

**14:00**
▶ 환경 노동위원회 오찬 및 오후 업무 준비
**15:00**
▶ 노동법 제정 60주년과 사회권의 현대적 의의

# 일찍 철이 들어야만 했던 어린 시절

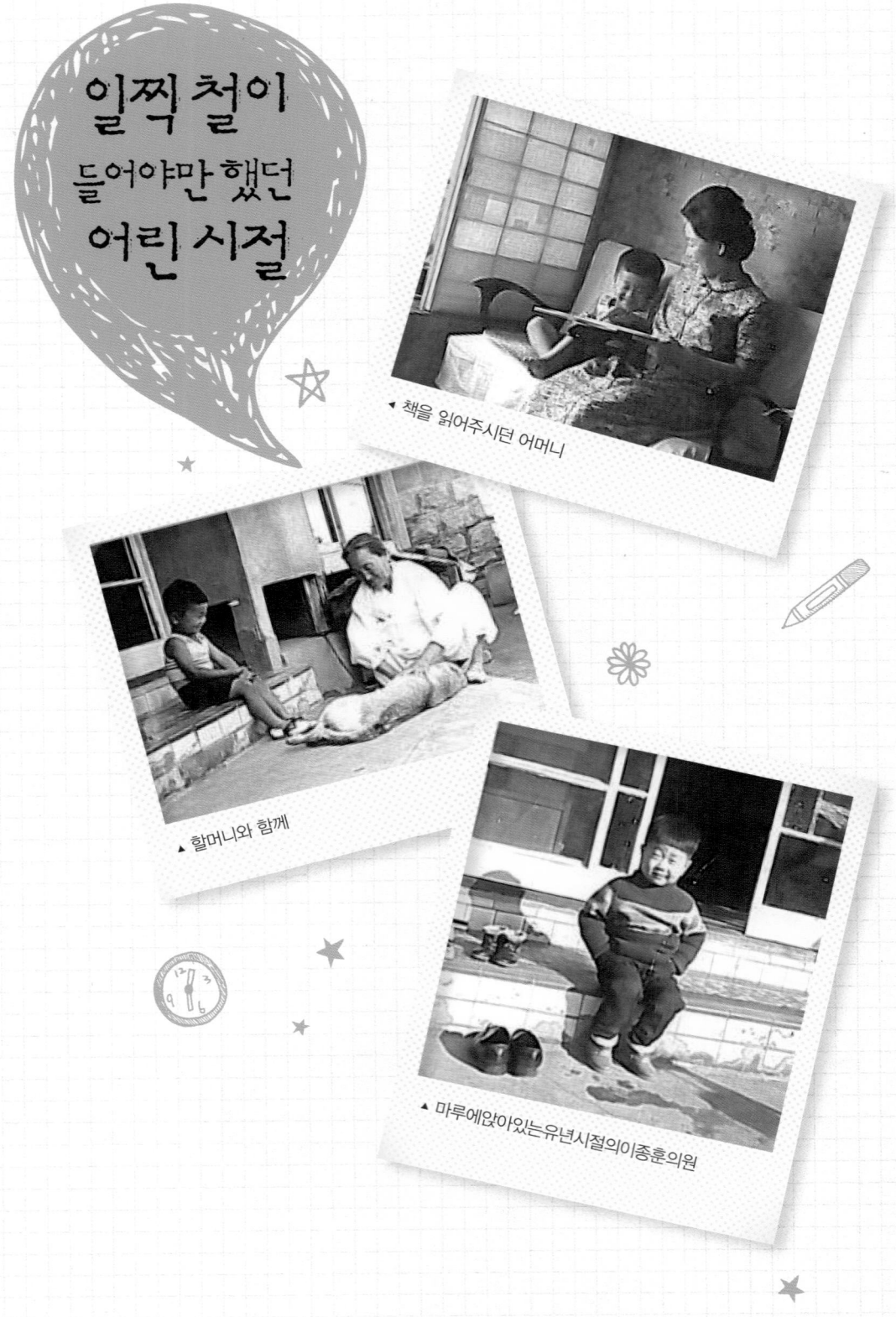

▲ 책을 읽어주시던 어머니

▲ 할머니와 함께

▲ 마루에앉아있는유년시절의이종훈의원

# 어떤 가정환경에서 자라오셨나요?

어렸을 적 저희 집은 경제적으로 부유한 편이었습니다. 당시에 집안 형편이 넉넉한 집 아이들이 7살 때부터 유치원을 다니곤 했었는데, 저는 6살 때부터 다니기 시작했습니다. 그러나 아버지께서 사업에 실패하신 후에 모든 것이 변했습니다.

저는 곧 바로 유치원을 그만두게 되었고, 아버지께서는 돈을 벌기 위해 지방으로 떠나셨으며, 저희 가족은 단칸셋방으로 이사를 가야 했습니다. 그곳에서의 생활은 결코 순탄하지 않았습니다. 주인집 아이들에게 놀림이나 무시를 받는 것이 일상이었고, 어린 두 동생들은 낯선 환경에 적응하지 못하고 밤낮으로 울기만 했었습니다. 중풍에 걸린 할머니까지 모시  고 있던 터라 어머니는 무척 힘들어 하셨고, 저는 그 속에서 빠르게 철이 들어야만 했습니다.

그렇게 2년이 흘러 제가 초등학교에 입학을 하게 되었는데 나아진 것은 없고, 그런 상황에서 벗어나고 싶은 어린 마음에 저는 어느 날 어머니께 이렇게 여쭤보았습니다.

"우리가 이곳에서 이사를 가려면 어떻게 해야 되나요"

어머니께서는 제 눈을 한참 보시더니 대답을 해주셨습니다.

"네가 공부를 잘 한다면 우리가 이사를 갈 수가 있단다."

그 때부터였던 것 같습니다. 제가 공부를 열심히 해야겠다고 마음을 먹었을 때가. 그 날 이후로 저는 노트 맨 앞장에 '100만원'이라고 적어놓고, 저의 목표 의지를 다졌습니다. 물론 그 당시에 100만원이라는 돈이 크기도 했지만, 어린 나이에 그 돈만 있으면 뭐 든 할 수 있다고 생각을 한 것 같습니다. 그리고 공부를 열심히 하면 그 돈을 벌 수 있다 고 생각했습니다.

월세에서 전세로 집을 옮기기도 했지만, 초등학교 4학년 때에는 다니던 학교에서 먼 동네로 이사를 갈 수밖에 없었습니다. 그곳으로 이사를 가면 다니던 학교도 옮겨야 했는데, 저는 그게 싫어서 어머님께 통학을 하겠다고 말씀드렸습니다. 어머님께서 선뜻 허락하셨던 것은 아니었지만, 당신께서도 속상한 마음이 크셨는지 제 고집을 꺾지 못하셨습니다. 아침이면 두 동생을 이끌고 버스로 한 두 시간 넘는 거리를 통학했습니다.

힘들고 위험했었지만, 제 인생에서 잊을 수 없는 시간이었습니다. 빨리 이겨내야겠다는 힘이 생겼고, 그로 인해서 공부도 더 열심히 할 수 있었기 때문입니다. 이때의 기억은 저 뿐만 아니라 제 동생들에게도 큰 동기를 심어주었습니다.

## Question 어머니의 영향을 많이 받으신 편이셨나요?

저희 어머니, 아버지께서는 서울대학교 사범대학 영어영문과 캠퍼스 커플이셨습니다. 만약 아버지께서 살아계셨다면 올해로 여든 다섯이 되셨을 텐데 당시로 따지면 상당한 고학력자에 속하셨습니다.

생각해보면 어머니께서 아버지보다 공부를 더 잘하셨을 것 같은 데, 아버지께서는 어머니가 바깥 활동을 하는 걸 반대하셨습니다. 때문에 별다른 사회활동 없이 전업주부의 생활을 했던 어머니께서는 제가 공부를 처음 시작할 때에 산수와 한 글을 깨우치도록 해주셨고, 초등학교 3학년 때까지 직접 가르쳐주셨습니다. 나중에 제가 미국으로 유학생활을 하러 갔

을 때 느꼈던 것인데, 미국에서는 숙제를 내줄 때 아이 스스로 할 수 있는 것이 80%이고 나머지 20%는 부모를 비롯한 어른의 도움을 받아야만 해결할 수 있는 것이었습니다. 누군가의 도움을 받아가며 아이로 하여금 도전할 수 있는 기회들을 제공해 주는 것이었습니다.

아이들 저마다 과목별로 수준별 수업을 받는 이유가 어른들의 영향을 얼마나 받았느냐에 대한 차이에서 있었습니다. 그 점을 보면서 새삼 저는 어머니 덕택에 학업이나 인성 등에서 좋은 영향을 많이 받았다는 것을 느꼈습니다.

반면에 아버지와는 소소한 대화를 가질 기회가 적었습니다. 아버지와 아들 사이에 많은 대화가 부족한 탓도 있었지만, 어렸을 때 저희 집 형편이 기울면서 아버지께서는 집을 자주 비우시고 지방에 내려가시는 일이 많으셨습니다. 그러나 아버지가 보여주신 강인함은 저에게 지금까지도 큰 힘이 됩니다.

제가 영향을 받은 인물을 한 분 더 꼽아보자면 초등학교 1학년 때 은사님이셨던 권태희 선생님입니다. 저희 집 형편이 급격하게 기울어진 직후였기 때문에 저는 어디를 가나 풀이 죽어있었습니다. 선생님께서 수업시간에 책을 읽으라고 발표를 시키면 개미만한 목소리로 대답하기 일쑤였습니다. 그렇지만 선생님께서는 저를 나무라지 않으시고 계속 칭찬을 해주셨습니다. '잘한다. 잘한다.'하시면서 말입니다. 그것이 참 별것 아닌 말 같으면서도 어린 저에게는 위로가 되었고 많은 용기를 주었습니다. 선생님의 이름을 47년이 지난 지금까지도 기억하고 있는 이유가 바로 그것입니다.

나의
장래희망은
현장의 소리를 알리는
'기자'

## Question 학창시절 장래희망은 무엇이었나요?

제 꿈은 기자였습니다. 어렸을 적부터 사회문제에 관심이 많은 편이었습니다. 사회문제에 대해 생각하고 현장에 직접 가서 취재하는 모습을 선망하게 되면서 기자라는 직업을 생각하게 되었습니다.

사실 좀 더 솔직하게 말하자면 기자라는 장래희망 또한 막연한 꿈이었을 뿐, 고등학생 때까지 저 또한 다른 친구들처럼 입시공부에 쫓기기 바빴고, 이 꿈을 이루기 위해서 무엇인가를 해야겠다는 뚜렷한 계획 하나 없었습니다. 요즘 학생들을 보면 자신의 관심분야를 빨리 알게 되는 것 같아 부럽기도 합니다. 저희 국회의원실의 명예보좌관 프로그램에 참여한 학생들만 보아도 그렇습니다. 그 친구들은 어린 나이에도 불구하고 자신의 꿈을 명확하게 갖고 있었고 관련 분야로 열심히 공부하고 있는 모습이 보기 좋았습니다. 만약 저도 지금 그 나이로 돌아간다면 그 친구들처럼 열심히 준비하지 않았을까 하는 생각이 듭니다.

## Question 전공 선택은 어떻게 하셨나요?

전공을 선택하는 데 있어서 별 다른 고민은 없었습니다. 단순히 경제학을 공부하고 싶었고, 경제학을 전공해서 저의 꿈이었던 기자생활에 보탬이 될 수 있도록 해야겠다는 생각이 들었기 때문입니다. 그래서 저는 수업을 선택할 때에도 정치학, 사회학, 경제학 을 두루 수강했었습니다.

전공을 선택할 당시에 저에게 판사, 검사, 의사 등의 소위 '사'자 직업 위주로 권유를 해주시는 분들도 계셨는데 저는 제가 좋아하는 일을 선택하고 싶었던 마음이 컸던 것 같습니다. 이제 와서 보면 법학대학 쪽도 저한테 잘 맞았을 것 같다는 생각이 듭니다. 무언가를 따지고 논쟁하는 것을 좋아하는 편이기도 하고, 제가 상상력은 부족한 반면에 현실을 직시하고 빨리 이해하는 편이기 때문입니다. 만약 제가 전공으로 경제학이 아닌 법학을 선택했었다면 지금과 다른 어떤 삶을 살고 있을지 궁금합니다.

Question **부모님께서 권하시던 직업은 없으셨나요?**

부모님께서는 저에게 별 다른 말씀이 없으셨습니다. 심지어 대학을 선택하고 전공을 결정할 때에도, 제 꿈이 기자라고 말할 때에도 그저 묵묵히 저를 지켜봐주셨습니다.

그러다가 부모님께서 제가 대학교 1학년 때 처음으로 저의 진로에 대해서 말씀하신 적이 있습니다. 아버지께서는 제가 경제부처의 관료가 되면 좋겠다고 말씀하셨습니다. 제 사주팔자에 국가의 녹봉(벼슬아치에게 일 년 또는 계절 단위로 나누어 주던 금품을 통틀어 이르는 말)을 먹으면 잘 산다고 들으셨다면서 행정고시를 권유하셨습니다. 물론 아버님 말씀을 들었어도 좋았겠지만 개인적으로는 관료로서의 삶 보다 지금 하고 있는 국회의원이 삶이 더 보람됩니다.

나의
원동력은
자신감

## Question 학창시절에 성적은 좋은 편이었나요?

성적은 늘 상위권이었습니다. 초등학교 때 공부를 잘하면 '참 잘했어요!'라는 도장을 찍어주기도 했고, 그 당시에는 저 뿐만 아니라 어려운 가정형편의 친구들이 많았기 때문에 옥수수 빵을 상으로 주는 경우도 있었습니다. 제가 공부를 열심히 해서 상으로 옥수수 빵을 받으면 그걸 가방 속에 넣어 늘 집으로 가져왔습니다. 저 혼자 배불리 먹는 것 보다는 동생들과 나누어 먹는 것이 더 즐겁고 좋았기 때문입니다.

그러다가 한번은 크게 충격을 받은 일이 있었습니다. 초등학교에서는 공부 잘한다는 칭찬을 받으며 지내다가 중학교에 입학해보니 똑똑한 친구들이 너무 많았습니다. 영어 수업 시간 때 저는 'A, B, C'도 모르는 학생이었는데, 다른 친구들은 이미 'I am a boy.'를 알고 있을 정도였기 때문입니다. 정신이 번쩍 드는 순간이었습니다. 뒤쳐진다는 생각이 드는 순간 더 열심히 해야겠다는 생각이 들었습니다.

지기 싫은 마음에 열심히 공부했고, 결국에는 입학하고 첫째 달, 둘째 달은 연 달아 전교 1등을 하게 되었습니다. 덕분에 저는 자신감을 많이 얻을 수 있었습니다.

## Question 학업으로 얻은 자신감은 어떻게 나타나셨나요?

제 인생에서 학업을 통해 얻었던 '자신감'이라는 것은 굉장히 컸습니다. 단순히 공부를 잘해서 이 자리까지 왔다고 말하는 것이 아닙니다. 공부를 잘 했기 때문에 그 부분에 서 얻은 자신감을 갖고 제가 지금 이 자리에 설 수 있었다고 말하는 것입니다.

만약 저에게 자신감이 없었다면 제 자신의 능력을 100% 발휘할 수 있는 상황에서도

7~80%밖에 발휘하지 못했을 것입니다. 스스로에 대한 믿음이 있어야 자신이 해야 할 일들에 있어서 더 나은 방향으로 추진할 수 있는 용기도 생겨나기 때문입니다. 제가 생각하는 자신감은 이를 포함한 모든 효과의 출발점입니다.

## Question 친구들과의 관계는 어떠셨나요?

지금은 그렇지 않겠지만 제가 중·고등학교를 다닐 때만 해도 성적에 따라 친구들이 모이고는 했습니다. 덕분에 저는 늘 주변에 친구들이 많았습니다. 중학교 때에 집안형편이 좋은 친구가 한명 있었습니다. 한번은 그 친구가 저에게 시원한 콜라 한 병을 사주었습니다. 그때는 지금처럼 콜라가 흔하지 않았던 귀한 음료였습니다. 그저 시원한 음료라고는 가게에서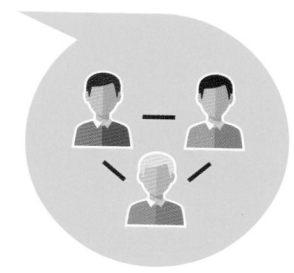
사 온 얼음을 깨서 넣은 미숫가루가 전부였던 저였고, 그때까지 한 번도 콜라를 마셔본 적이 없었습니다. 그런데 그 친구는 아무렇지 않게 콜라를 계산하고 제 손에 쥐어주는 데 기분이 썩 좋지 않았습니다. 뻔히 저희 집 사정을 알고 있는 친구였기 때문에 괜한 자격지심을 느껴서 그랬는지도 모르겠습니다. 다음날 어머니께 조르고 졸라 받아낸 오백 원을 들고 그 친구가 하교할 때까지 기다렸다가 저도 보란 듯이 콜라를 사주었던 기억이 납니다.

잘난 척하는 친구들이 싫어서 고등학교 때에는 그런 친구들을 배제하다보니 노는 것을 좋아하는 친구들이 많이 생겼습니다. 저도 그렇고 그 친구들도 그렇고 저마다 학업을 대하는 태도는 달랐지만 말 그대로 '친구'라는 단어의 의미를 깨닫게 해 줄 만큼 잘 맞았습니다. 제가 졸업한 배명고등학교에서는 3학년 전체 420명 중에서 22명을 서울대로 진학시켰습니다. 저 또한 그 22명 안에 속했지만 나머지 21명 중 저와 친한 친구들은 몇 명 되지 않았습니다. 저랑 친한 친구들 대부분은 대학을 진학하지 못했거나 일찍이 취업전선에 뛰어들었기 때문입니다.

그 친구들은 저보다 군대를 빨리 가게 되었는데 다들 군에 입대하고 저만 홀로 대학생활을 하다 보니 여러 생각이 들었습니다. 그래서 대학 수업을 마치고 집에 가는 길에 혼자

집 앞에 있는 카페에 들러서 군대에 있는 친구들에게 편지를 쓰기 시작했습니다. 마치 연애편지를 쓰듯이 정성스럽게 썼습니다. 매일같이 썼던 편지의 대부분은 '네가 지금이라도 열심히 공부해서 대학에 갔으면 좋겠다.'는 식의 내용이었습니다. 정말 제가 쓴 편지의 효과가 있었는지 그 친구들이 제대를 한 뒤에는 모두 대학에 진학하게 되었습니다.

그중에 저와 고등학교 3년 내내 짝으로 지냈던 친구가 있었습니다. 원래는 공부를 잘 하던 친구였는데 고등학교 1학년 때 쉬는 시간에 장난으로 영어선생님 흉내를 내다가 그 선생님께 들켜 호되게 혼난 뒤로는 공부에 대한 흥미를 아예 잃어버린 친구였습니다. 고등학교 졸업 이후에 KT전화국 맨홀

아래에서 전화선 공사 일을 하게 됐고, 언제나 저녁이면 저와 함께 삼겹살에 소주를 먹곤 했습니다. 그 친구와 술잔을 부딪치면서 문득 그런 생각이 들었습니다. '만약 내가 대학을 졸업하고서 취업을 했을 때 이 친구와 계속 마주하고 술을 마실 수 있을까……' 하고 말입니다. 막연하게 다 같이 잘 됐으면 좋겠다는 생각이 들었습니다. 저는 그 친구에게도 계속 다시 공부할 것을 권유했고, 결국 그 친구는 대학에 진학했습니다. 재미있는 것은 그 친구가 공부에 흥미를 잃었던 것은 영어선생님께 혼이 났던 아픈 기억 때문이었는데, 정작 그 친구는 영문학과로 진학했다는 점입니다. 지금도 그 친구와 이런 이야기를 할 때면 웃음부터 나오곤 합니다.

신의
한수였던
노동경제학

**Question** 대학생활은 어떠셨나요?

확실히 고등학교 때와는 달랐습니다. 서클활동도 많이 했고 데모도 참여했습니다. 저는 책상 앞에 앉아서 이론을 따지기 보다는 현장에서 직접 눈으로 보고 활동하는 것을 좋아했습니다. 데모를 하는 친구들 사이에서도 이념서적을 읽는 친구들이 있었지만, 저는 '마르크스주의'니 하는 이론적 내용을 이해하고 이념 의식적 행동을 하는 것 보다는 사건과 상황에 초점을 맞추고 현장에 직접 찾아가는 편이었습니다.

제가 활동했던 서클은 기독학생회였습니다. 그곳에서 활동하면서 어려운 사람들을 위해 직접 찾아가 기도하시는 목사님에게 감동을 받아 함께 동참하기도 했고, 야학활동을 돕기도 했습니다.

**Question** 대학원을 진학하게 되었던 계기가 있으신가요?

저는 군대라는 곳에서의 획일적인 생활이 불편해 보였기 때문에 군 입대를 마냥 두려워했습니다. 막상 군대에 가야 할 나이가 되자 입영날짜를 기다리면서 걱정만 앞섰던 것 같습니다. 그런데 마침 제가 군대에 가게 될 때 즈음에 석사장교라는 제도가 생겼습니다. 대학원 공부는 공부대로 하되, 6개월만 군사훈련을 받으면 군복무를 인정해 주는 제도였습니다. 솔직히 그 혜택 때문에 대학원에 입학했습니다.

대학원에 진학하고 깊이 있는 학문들을 접하면서 특히 노동경제학이라는 분야에 푹 빠지게 되었습니다. 대학교 4년 내내 학업에 큰 흥미를 느낄 수 없었던 것과 달리, 아이러니하게도 대학원에서 공부하면서 더 알고 싶고 배우고 싶은 마음이 강해졌습니다. 실제로 경제학이라는 학문은 쉬운 부분이 아니기 때문에 학부수준에서만 수업을 듣게 되면 흥미를 느낄 수가 없습니다. 당시 조교 월급이 30만 원 정도 되었는데, 평생 그만큼만 벌면서 공부해도 괜찮겠다 싶을 정도로 공부하면서 사는 일상이 나쁘지 않았습니다.

사실 대학원에 진학하는 것도 그렇게 쉽게 갈 수 있었던 것이 아니었습니다. 처음부터 학문에 뜻이 있지 않았기 때문에 대학교 4년 동안의 전공 공부는 그저 학점을 좋게 받기 위한 수단이었을 뿐, 제 머릿속에는 아무것도 남아있지 않았습니다. 저는 대학원 진학을 위해 경제학원론부터 다시 읽어가며 처음부터 공부를 시작해야 했습니다.

저는 대학원에서 석사논문, 박사논문 주제를 스스로 정했는데, 그 당시에 한국사회에 서 가장 뜨거운 이슈만을 선택했었습니다. 석사 논문을 준비할 당시가 1980년대 초반 이었는데, 논문주제로 도시빈민에 관해 썼습니다. 돈을 벌기 위해 농촌을 떠나 서울로 가서 고생하는 단신탈농과 그 다음으로 이어지는 가구탈농에 대한 내용이었습니다. 가구탈농이란 내 자식에게 만큼은 농사일을 물려주지 않겠다면서 가구 전체가 농촌을 벗어나 도시로 올라오는 것으로, 대부분 어머니들은 식당이나 집에서 가내수공업 일을 하고, 아버지들은 막노동을 하며 교외 판자촌에서 사는 현상을 말합니다. 지금은 없어진 동네이지만 '난곡'이라는 동네를 대상으로 한 설문조사 자료를 바탕으로 논문을 작성했습니다. 이후 1986년도에 저는 미국 유학길에 올라 박사과정을 밟았는데 그 사이 우리나라에도 '민주화의 봄'이 찾아왔습니다. 전국의 사업장에서 2개월가량 3,800건의 파업이 일어나는 현상이 발생한 것입니다. 이것이 우리나라에서 가능한 일인가 싶을 정도 로 말입니다. 그래서 저는 박사논문의 주제로 파업으로 선택했습니다.

## Question 대학전공이 현재의 직업에 도움이 되셨나요?

많은 도움이 되었습니다. 저의 경우에는 전공을 살려서 꾸준히 직업을 택했습니다. 제가 금융과 관련해서는 계산이 잘 안되는데, 신기하게도 공장과 같은 노동현장을 나가면 확 달라집니다. 실제로 저는 경제학을 전공하면서도 그 흔한 증권투자 한번을 해보지 않았습니다. 아무래도 제가 가진 DNA 자체가 그런 것 같습니다. 같은 경제학 분야라 하더라도 느낌이 다릅니다.

보통 노동경제학을 전공한 사람들은 돈을 많이 벌기 위해서 선택하는 경우가 거의 없습니다. 노동경제학은 단순히 돈을 다루듯이 어떤 정석이 있는 것이 아니라 사람과 사람 사

이의 커뮤니케이션을 생각해야 하며 두 번째, 세 번째 그 이상의 옵션까지 그려내야 하기 때문입니다. 저는 이것을 공부하면서 그 안에서 정치라는 것을 배웠습니다. 똑같은 결론으로 가더라도 설득의 과정이 필요하다는 것 또한 알게 되었습니다. 가장 합리적인 방안이 존재하더라도, 그것을 곧이곧대로 실행할 수 없는 것이 노동경제학이기 때문입니다.

저의 첫 직장은 KDI(한국개발연구원)입니다. KDI는 정부 정책을 자문하기 위해 연구하는 기관입니다. KDI 노동 정책 분야에서 5년 가까이 일했습니다. KDI에서 제 경력을 시작하다 보니까 이후 명지대학교에서 교수생활을 할 때에도 계속 정부의 일을 맡아서 하게 되었습니다. 교수로서 할 수 있는 큰 프로젝트는 다 해본 것 같습니다. 노동 분야에서 가장 큰 위원회가 중앙노동위원회와 최저임금위원회가 있는데, 그 두 개의 위원회에 참여해 봤고 최저임금 협상이나 파업을 비롯한 노사문제에 관해서도 참여했습니다. 만약 처음부터 학교에서 경력을 시작했더라면 저는 책만 보고 논문만 쓰는 학자가 되어있을 것 같습니다. 정말이지 시작을 어느 곳에서 하느냐가 평생을 좌우한다는 말이 맞는 것 같습니다.

실천하는
경제전문가,
19대 성남분당갑
국회의원
이종훈

제가 정치에 입문해야겠다고 생각한 것은 그리 갑작스러운 일은 아니었습니다. KDI 에서부터 시작해 국회의원이 되기 직전까지 여태껏 정치를 돕는 일을 하면서 '내가 직접 정치를 했으면 좋겠다.'는 생각을 이따금씩 하기도 했습니다. 이러한 결심이 서기까지 쉽지 않았던 것은 분명합니다.

그러다가 약 2년 전 출장을 마치고 인천공항에서 집으로 돌아오는 차 안 에에 저의 결심이 확고해졌습니다. 이번에 내가 공천신청을 하지 않으면 평생 후회할지도 모르겠다는 생각이 들었기 때문입니다. 집에 도착하자마자 잘 지냈냐는 안부대신 아내에게 다짜고짜 공천신청을 하고 싶다는 이야기를 꺼냈습니다.

"내가 만약 분당에서 국회의원을 하면 어떨까? 이번에 공천신청을 하고 싶은데…"

"당신이 분당에서 지역구의원을 하겠다고요? 비례대표도 아니고 지역 국회의원을요? 말도 안 되는 소리 하지 마세요. 당신 많이 피곤한가 봐요, 꿈에서 아직 못 헤어 나온 것 같아요."

"그래도 지금 하지 않는다면 후회할 것 같아. 이제껏 조력자의 역할만 했다면 이번에는 내가 직접 해보고 싶다는 생각이 들어."

"… 하게 되면 돈은 얼마나 드나요?"

저의 얘기에 단박에 반대를 하던 아내였지만, 출마에 대한 강한 의지가 느껴졌는지 더 이상 반대를 하기 보다는 얼마가 필요한지 현실적인 것을 물어왔습니다. 아마도 그 당시 아내는 제가 당의 공천을 받지 못할 것이라고 생각했던 것 같습니다.

"280만원이 필요해. 참가비용이 180만원이고, 특별 당비 100만원까지 합하면 그렇게 돼."

"당신, 지금 하지 않으면 정말로 후회 할 것 같아요? 그 돈 없이도 우리는 먹고 살 수 있으니 진심으로 해보고 싶다면 해보세요."

아내의 허락이 떨어지자마자 분주하게 서류를 준비하기 시작했습니다. 그날이 월요일이었는데, 수요일이 접수 마감일이었기 때문에 부랴부랴 작성해야만 했습니다. 후에 드디어 제가 공천을 받게 되었을 때 저와 아내 모두 정말 기뻐했습니다만, 분당 지역구민들의 반응에 주춤할 수밖에 없었습니다.

처음에 제가 공천을 받았다고 하니까 주민들은 뜬금없다는 반응들이었습니다. 분당의 지역적인 특색 중 하나가 자존심이 강한 분들이 많이 계시다는 점이고, 또 그 당시 한창 신문에서는 전 국무총리가 국회의원에 출마할 것이라는 기사들이 나오고 있었기 때문입니다. 아무래도 주민 분들은 분당구의 예상 후보로 그만한 큰 인물이 나올 것이라고 생각했던 것 같습니다. 그나마 다행인 것은 저의 경력이 긍정적인 평가를 받으면서 주민들의 마음이 조금씩 열렸던 것 같습니다. 또한, 선거운동을 하면서 저의 정치적인 잠재력을 기대해주시고 응원해주시는 분들을 만나 뵐 수 있었고, 그렇게 저는 당선까지 할 수 있었습니다.

## Question 선거운동 중에 기억에 남는 일이 있으신가요?

한창 분당 서현역 주변에서 선거운동을 할 때였습니다. 제 앞으로 어떤 한 분이 다리가 불편해 보였지만, 의족도 하지 않고 목발에만 의지한 채로 걸어간 적이 있었습니다. 그러다가 우연히 길을 걷던 그분이 중간에 멈춰서더니 길가에 떨어진 음료수 캔 하나를 줍는 모습을 보게 됐습니다. 처음에는 재활 용기를 수거하여 파시려는 분인 줄 알았는데, 그 분은 천천히 반대쪽으로 걸어가더니 재활용 쓰레기통에 주운 캔을 버렸습니다. 진심으로 섬

기는 사람을 직접 눈으로 보는 순간이었습니다. 정말 사소한 행동이었지만 저의 낯이 뜨거워졌습니다. 사소한 것 하나에도 솔선수범할 수 있는 국회의원이 되어야겠다는 생각이 들었습니다.

또 한 번은 제가 경로당에 어르신들을 찾아뵀을 때였습니다. 그곳에 가면 어르신들께 무릎을 꿇고 인사를 드립니다. 인사를 다 드리고 일어나는 순간 제 무릎에 먼지가 덕지덕지 묻어있는 것을 보게 됐습니다. 사실 경로당이나 어린이집과 같이 면역력이 약한 사람들이 모이는 곳일수록 미세먼지나 환경미화에 있어 서 더욱 철저하게 관리돼야 하는데 제대로 이행되고 있지 않다는 것을 직접 경험할 수 있었습니다. 이 외에도 많은 에피소드들이 있었는데 개인적으로는 힘든 것보다는 재미있고 보람 있는 일들이 더 많았습니다. 지역구민들을 직접 찾아뵙고 인사를 나눌 수 있다는 것이 몸은 힘들어도 마음만은 가볍고 행복했기 때문입니다.

**Question**

## 국회의원이 되어 새로이 느끼신 점이 있으신가요?

제가 정치에 입문하면서 가장 첫 번째로 느꼈던 것이 행정부, 입법부, 사법부 중에 특히 입법부가 매우 중요한 역할을 하는 곳이라는 점입니다. 행정부와 사법부에서는 국회의원들이 입법한 법들에 의거해서 집행하고 판결 역할을 하고 있습니다. 갈등이 발생했을 경우, 법에 의해서 해결을 해야 하는데, 관련법을 만들고 제대로 그 법에 따라 일을 하는지 감시하는 모든 행위들이 국회 안에서 일어나기 때문입니다.

정치는 그 자체만으로 꿈을 줄 수 있어야 합니다. 법을 만들고 법을 바꾸는 것은 국회의원의 가장 기본적인 정치행위이지만, 사실 새로운 비전을 제시하는 것 또한 정치라 고 생각합니다. 새로운 패러다임 말입니다. 국민들에게 이를 각인시키고 '이렇게 살면 행복해진다'는 희망과 비전을 제시하는 것 또한 정치의 역할이라고 봅니다.

이따금씩 지역구민들이 다양한 민원을 갖고 저를 찾아오실 때가 있습니다. 부끄러운 이야기이지만, 저는 국회의원이 시의원도 아닌데 이렇게 지역구민들의 사사로운 일까지 마주해야하는지에 대한 의구심을 품었던 사람 중에 하나입니다. 그런데 제가 지역 구민들을 만나 뵙고 이야기를 나눠보니까 대부분 쉽게 해결 가능한 문제를 들고서 저를 찾아오시는 분들은 없었습니다. 본인이 할 수 있는 모든 시도를 하다가 도저히 해결이 나지 않을 때 마지막 희망을 걸고 저에게 오셨다는 사실을 알게 됐습니다. 적어도 국회의원이 직접 나설 경우 그 일을 해결해 줄 수 있고, 만약 해결이 안 될 경우라도 왜 안 되는지 그 분명한 이유를 알 수 있기 때문입니다. 그 때부터 저는 생각을 달리하게 됐습니다. 비록 소소한 것일지라도 국회의원들은 지역구민들을 자주 만나서 근황과 민원을 듣고 함께 고민해야 한다고 생각합니다. 왜냐하면 국민 한분 한분을 대표하는 사람이 바로 국회의원이기 때문입니다.

미국의 존 F. 케네디 전 대통령이 9살인가 12살일 때 백지에 본인의 계획 및 꿈을 적었대요. 몇 세에는 무엇을 할 것이고, 몇 세에는 무엇이 될 것이다 등등해서 결국에는 마지막에 대통령이 되는 꿈 계획을 적은 거죠. 물론 그의 가문이 정치가로 구성된 명문가이기 때문에 그런 꿈 계획을 세우는 것이 가능했다고 할지라도 구체적으로 꿈을 세우고 그대로 실현하기 위해서 노력한 행동을 보았을 때 본인의 꿈을 현실화 시킨다는 것이 얼마나 중요한지 알 수 있어요.

저는 이 이야기를 3년 전에 처음 들었어요. 실제로 저도 해 보았고요. 100%이행이 되건 안 되건 그 꿈을 이루기 위해 노력하는 제 자신이 좋더라고요. 그래서 제가 만나는 사람들에 게 "어떠한 경우에도 좌절하지 마라. 실패는 반드시 온다."라고 얘기를 해주고 있어요. "살아 있는 동안 깨어있어라. 뜨겁게 사랑해라. 포기하지 마라."란 말도 함께요.

---

# 정호준 의원

- 19대 서울 중구 국회의원
- 민주당 원내부대표·대변인·국제위원회부위원장
- 사단법인 사회문화나눔협회 상임이사
- 반값등록금 국민운동본부공동대표
- 노무현대통령 청와대 비서실 행정관
- 삼성전자 근무
- Young&Rubicam 근무
- 뉴욕대학교 대학원 그래픽커뮤니케이션 매니지먼트&테크놀로지 석사
- 한양대학교 사회학과 졸업
- 이대부속고등학교

# 국회의원의 스케줄

**정호준** 의원의 **하루**

**23:00**
▸ 하루일과 정리 및 내일 업무 준비

**08:00 ~ 08:30** ▸ 당무조정회의
**10:00** ▸ 최고의원회의 사전회의

**17:30** ▸ 블랙아웃 토론회
**19:00** ▸ 미팅

**11:20**
▸ 서울시 당 운영위원회의
**12:00**
▸ 원내대표취임 100일 기자간담회

**16:30**
▸ 국가재정연구포럼, 충무초등학교 임원진 국회관람

**13:30** ▸ 원내대표 기자오찬
**14:00** ▸ CNB인터뷰
**15:00** ▸ 상임위원장, 원내대표단 연석회의

가장
행복했던
나의
어린 시절

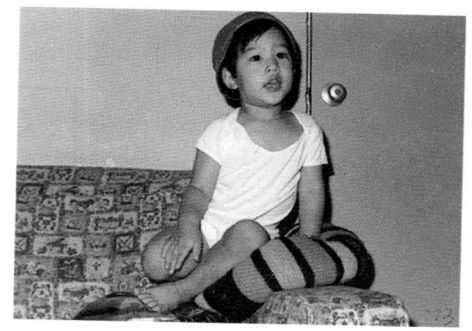

## Question 어린 시절은 어떻게 지내셨나요?

제가 생후 8개월이 되었을 때, 아버지께서 미국으로 공부를 하러 가시게 되어서 덩달아 저도 미국생활을 시작하게 되었습니다. 그 곳에서 유년시절을 다 보낸 셈입니다.

지금은 유학생들이 재정증명을 해야만 유학을 갈 수 있는 절차가 있지만, 그 당시 70년대에는 외국으로 유학을 갈 수 있는 성적만으로도 대단한 일이어서 그런 절차가 따로 없었습니다. 그래서 대다수의 한국 유학생들은 낮에는 학교를 다니고, 자투리시간에는 아르바이트를 통해 돈을 벌어 생활했습니다.

저희 집도 예외는 없었습니다. 아버지께서는 낮에 학업에 전념하시는 학생신분이었다가 밤에는 바텐더로 생활비를 버셨고, 어머니께서는 세탁공장에서 일을 하셨습니다. 두 분께서 집을 비우실 때면 저와 제 동생은 유치원과 유아원에 각각 맡겨져 생활을 해야만 했습니다. 다행이도 아버지께서는 12~14평짜리 학생아파트를 배정받으시게 되어서 주거에 대한 부담감은 덜은 상태였지만, 좁은 공간에서 꼭 붙어 자면서도 저희 식구들은 모두 행복하기만 했습니다.

## Question 한국에는 언제 돌아오시게 되었나요?

아버지의 학업이 다 마치게 되어 미국에서의 생활을 다 정리하고 가족 모두가 한국으로 다시 돌아오게 되었습니다.

미국에서 유치원을 다닐 당시에 저는 유일한 동양인이었습니다. 때문에 한국말보다는 영어에 익숙했었습니다. 제가 한국으로 돌아오게 되었을 때에는 초등학교 1학년 2학기로 편입되었는데, 갑자기 영어가 아닌 한국어로 진행되는 수업을 듣게 되니까 어렵고 혼란스러운 부분들이 있었습니다.

"오늘은 호준이가 발표를 해볼까"
"……"

수업시간에 잘 참여하지 못했던 선생님의 배려로 매번 발표의 기회를 주셨지만, 그때 마다 저는 대답을 할 수가 없었습니다. 초등학교 1학년 교실 안에서 저를 이해하며 챙겨줄만한 친구가 있었던 것도 아니었고, 늘 있는 듯 없는 듯 등·하교를 반복하기만 했습니다.

저는 자연스럽게 소극적으로 변할 수밖에 없었고 수업시간이면 교실 뒤편에서 혼자 장난감을 가지고 놀기 일쑤였습니다. 결국에는 한글과외를 해야만 했고, 초등학교 3~4학년 정도가 되어서야 한국어수업을 따라 갈 수 있었습니다.

그때부터 마냥 낯설었던 한국어로 된 시험지를 제대로 의미파악해서 읽기 시작하게 되고, 수업에도 참여할 수 있게 되면서 초등학교 5학년 때에는 사회과목을 한 두개 틀릴 정도의 실력으로 향상되었습니다.

## Question 한국생활과 미국생활의 차이가 많이 느껴졌던 일은 없으셨나요?

한국과 미국, 두 나라의 문화적 정서가 달라서 고민을 깊이 했던 기억이 납니다. 미국에서는 매년 12월이면, 크리스마스를 중요하게 여깁니다. 트리를 가족끼리 함께 꾸미고, 산타에게 직접 편지를 쓰게 하고, 잠들기 전에 굴뚝을 내려오는 산타에게 대접할 쿠키와 따뜻하게 데운 우유를 마련해 두기도 합니다. 그만큼 산타에 대한 환상을 심어주기도 하고, 동심을 해치지 않으려 하는 갖가지의 노력들이 있습니다. 실제로 어른으로 성장하고서도 산타의 존재를 부정하지 않는 사람들도 여럿 있기도 합니다.

저는 한국으로 돌아와서도 산타가 계속 존재한다고 믿었습니다.

"호준아, 너 크리스마스에 뭐해"

"난 이번 크리스마스에도 나한테 선물을 가져다 줄 산타를 위해 내가 제일 좋아하는 과자를 준비해 두려고 해."

"너 아직도 산타클로스를 믿어? 그건 다 가짜야. 산타는 존재하지 않아. 여태 네가 받았던 크리스마스 선물들은 전부 부모님이 준비하시는 거야."

초등학교 4학년이 되던 해에 반 친구들과 크리스마스에 대해서 이야기를 나누다가 산타의 존재에 대해 듣게 되었습니다. 이제껏 산타가 있다고 믿고 있었던 저로서는 혼란스럽기만 했습니다.

혹시나 하는 마음에 산타에게 쓰는 편지 내용으로 이번 크리스마스 선물은 미국에서만 판매하는 장난감을 받고 싶다고 편지를 썼습니다. 산타클로스라면 분명히 제 소원을 들어줄 것이라고 생각했었는데, 크리스마스가 되었을 때 처음으로 제가 원했던 선물과는 다른 선물을 받게 되었습니다. 영악했던 방법이었지만 그때부터 산타의 존재에 부정했던 친구들의 의견에 동의하게 되었습니다.

내 꿈은
과학자

**장래희망은 무엇이었나요?**

어렸을 적에 저의 장래희망은 과학자였습니다. 특히, 천체학과 물리학에 관심이 많았습니다. 때문에 이와 관련된 책을 찾아 읽기도 했고 새로운 것에 대한 발견에 흥미를 느끼곤 했습니다. 어느 정도였냐 하면 천체학박사인 칼 세이건이 쓴 〈코스모스〉라는 책에 영향을 크게 받기도 했습니다. 그 책은 400  페이지가 넘는 두꺼운 책이었는데, 당시 중 학생이었던 저는 이 책에 심취해서 인간의 속세보다 무한한 우주에 대한 관심을 더 두게 되었습니다. 이 분야에 관심의 깊이가 깊어지면서 일본 물리학 시리즈인 〈루북스〉라는 책을 읽게 되었습니다. 지금 생각해보아도 중학생이 읽기에는 어려운 책이었는데, 블랙홀과 같은 우주세계 등에 관련된 새롭고 신비한 용어들이 저를 흥분시켰습니다.

우리에게는 영화로 친숙한 〈스타트랙〉은 원래 미국 TV드라마입니다. 영화로 나오기 전에 제가 미국 생활할 때, 즐겨 보던 최고의 인기 드라마였는데 저의 장래희망을 결정짓는 데 이 프로그램을 절대 빼 놓을 수가 없습니다. 이전에는 지금과 같이 다양한 TV채널 이 없었고, 발달 된 미디어가 상대적으로 적 어서 한정된 곳으로부터 영향을 받고는 했습니다. 그 중에서 저는 TV에 영향을 많이 받은 케이스입니다. 위에서 말씀드린 책들을 읽기 전에는 〈스타트랙〉이라는 드라마를 보면서 우주항해에 대한 꿈을 키우며, 장래희망의 화룡점정을 찍었습니다.

**과학자의 꿈은 언제까지 꾸신 건가요?**

정확히 말하자면 중학교 때까지였습니다. 고등학교 때는 아무래도 입시문제가 가장 컸기 때문에 꿈을 계속해서 꾸고 키울 상황은 되지 못했습니다. 중학교에서 고등학교로 진학을 하면서 자연스럽게 교과과정 속에서만 접할 수 있었던 과학으로는 저의 꿈을 이어나가기가 어려웠습니다.

그나마 그때까지도 변하지 않았던 취미가 있었는데, 음악을 즐겨 듣는 것입니다. 친 구들과 함께 팝송을 많이 들었습니다. 그때는 라디오로 음악을 듣는 것이 일반적이어 서 좋아하는 노래를 듣기 위해 라디오에 신청곡 사연을 많이 보내기도 했었습니다. 그러다가 신청곡이 발탁이 되고 좋아하는 노래를 듣는 데까지는 시간이 조금 걸리기에 용돈을 조금씩 모아 LP판을 모으기 시작했는데, 나중에 세어보니 3~4000장 가까이 되었습니다.

한번은 QUEEN이라는 그룹의 음악이 정서에 해를 끼친다고 우리나라에서 금지곡으로 분류를 했던 적이 있습니다. 저는 그 음반이 너무 갖고 싶은 나머지, 그 음반을 복사하여 우리나라로 몰래 들여온 것을 파는 곳까지 다녀오기도 했었습니다. 인터넷이용이 활발한 지금 생각해보면 이해할 수도 없는 일이지만, 그 당시에는 그렇게라도 하지 않으면 그 음악을 들을 수 있는 방법이 전혀 없는 상황이었습니다.

대학교에 진학하면서 LP는 점점 사라지고 CD가 새롭게 등장하면서도 저는 꾸준히 음악 듣는 것을 좋아했습니다. 친구들에게 제가 좋아하는 노래들을 모아 선물해 주는 것이 일상생활이 될 만큼 하루에 몇 백곡씩 듣기도 했습니다. 지금까지도 시간적 여유가 있을 때면 음악은 꼭 듣고는 합니다.

 **부모님께서 바라시는 아들의 모습이 있지 않으셨을까요?**

한 번도 저희 부모님께서는 저에게 어떠한 것을 강요하시는 편은 아니셨습니다. 부모님

께서는 제가 원하는 것을 할 수 있도록 믿어주시는 편입니다. 때문에 저도 제 아이에게 아직까지 무엇 하나 강요해 본 적이 없습니다. 이것은 앞으로 제 아이가 커가는 과정 속에서도 없을 것 같습니다.

아, 딱 한번. 부모님께서 저의 결정에 반대를 하신 적이 있습니다. 제가 국회의원 선거에 출마를 하겠다고 말씀드렸을 때입니다. 당시에 아버지께서는 정치적으로, 사회적으로 야당 국회의원으로서 힘든 시기를 겪고 계셨던 상황이기에 더더욱 그러셨던 것 같습니다. 또한 할아버지에 이어 아버지, 그리고 저까지 3대가 정치인으로 살아간다는 것이 그렇게 쉬운 일은 아니란 것을 부모님께서는 잘 알고 계셨고, 무엇보다 저의 행복을 바라는 마음이 크셨기 때문에 반대를 하셨었습니다. 그렇지만 지금은 누구보다 든든한 후원자이시고 언제나 그러셨던 것처럼 저의 의견에 존중해주시는 편입니다.

진학〈진로

대학을 진학할 당시 전공 선택에 있어서 100% 성적으로 결정지을 수밖에 없었습니다. 제 성적이 뛰어날 만큼 우수하지도 않았고, 대학입학 지망을 1순위, 2순위로 선택하게 되어있어서 선택의 폭이 그만큼 좁았습니다. 그 안에서 저는 사회학을 선택하게 되었습니다.

제가 선택한 전공이긴 했지만 막상 학기가 시작되고 진행되는 수업을 듣다보니 저에게 맞지 않는 부분이 생기기 시작했습니다. 사회학과에서 주로 배우는 것들이 철학적인 내용들이었는데, 마르크스나 계급론, 프로레탈리아와 부조화 등의 용어들이 저에게는 썩 편하지 않았습니다.

사실 대학에 입학하면, 그동안 입시교육으로 틀에 박힌 학업생활을 해야 했던 것에서 해방이라는 기분이 들 줄 알았는데, 저와 맞지 않는 공부를 하고 있으려니 영 재미가 나질 않았습니다. 그렇다보니 대학교 1학년 1학기 때는 아예 수업을 들어가지 않은 적도 있습니다. 성적은 당연히 저조할 수밖에 없었고, 흔히 말하는 쌍권총(F학점이 두 개)이 라는 것도 차보았습니다.

그렇게 한 학기를 마치고 저의 성적표가 집으로 배달되던 날, 아버지께 호되게 혼났던 기억이 납니다. 저희 집안이 국가유공자 집안이기 때문에 3.0학점만 넘기면 전액 장학금을 탈 수 있는 상황이었는데도 불구하고 저는 성적이 그 근처에도 미치지 못했기 때문입니다. 그래서 마지못해 3.0학점이 넘길 정도로만 공부했었습니다. 결과적으로는 대학시절에 저는 어떠한 꿈도 꿀 수 있는 시간들이 없었고 어느 학창시절보다 더 간절하게 얼른 대학시절이 끝이 났으면 좋겠다는 마음뿐이었습니다.

## 전공을 살려 직업을 선택하시게 되신 건가요?

전공을 선택하게 된 과정은 순전히 성적에 의한 진학이었을 뿐입니다. 제가 진로에 대해서 다시 고민하고, 원하는 방향으로 공부하면서 자연스럽게 직업도 선택하게 되었습니다.

제가 진로를 다시 고민하게 된 계기는 군대에서 읽었던 책 한권 때문이었습니다. 군대에 복무할 당시 저는 부대 사서를 맡고 있었습니다. 덕분에 늘 새로운 책들을 쉽게 접할 수 있었는데, 그 중에 〈INFORMATION HIGHWAY〉라는 책을 읽게 되었습니다. 그때는 천리안, 유니텔 등의 모뎀이 있던 시기였는데, 앞으로 열릴 인터넷의 시대에 대해 쓰인 책이었습니다. 읽는 내내 앞으로의 세상은 이렇게 발전 하겠다는 생각이 들면서 IT분야로 관심이 생기기 시작 했습니다.

아예 전공과는 다른 곳으로 관심이 생기고, 군대에서도 제대를 하다 보니 더욱 방황을 하게 되었습니다. 그런 제 모습이 안타까워 보이셨던지 부모님께서는 저에게 외국으로 유학을 가길 권하셨고 별다른 준비과정 없이 바로 떠나게 되었습니다. 제가 가게 된 곳은 이모댁이었는데, 저희 이모부께서는 정치를 38년이나 하시고 국회의원도 한번 지내셨던 조순승 박사님이십니다. 당시에 이모부께서 미주리대학 사회학과 학장님으로 계셔서 덕분에 저는 번화가가 아닌 시골에서 생활하게 되었습니다.

미국으로 가서는 군대에 있을 때부터 관심을 두기 시작했던 IT쪽으로 좀 더 공부를 해야겠다고 생각했습니다. 전공과목으로 그래픽 커뮤니케이션 매니지먼트 & 테크놀로지를 선택해 공부했습니다. 단순히 인터넷에만 국한되지 않고 온라인 전반에 대해 알게 되니 공부를 하면 할수록 재미가 있었습니다. 사람은 진실로 내가 하고 싶은 걸 할 때 힘이 생긴다는 말이 맞았습니다. 공부에 재미가 들리다 보니 더욱 열심히 하게 되고, 학점 또한 4.0만점에 3.7점을 받기도 했습니다. 물론 나이도 어느 정도 있었고 비싼 돈을 들여 이곳까지 왔으니 더 이상 놀면 안 되겠다는 생각 을 갖고 있긴 했지만 자연스럽게 제가 공부하는 방향에 맞추어 관련된 곳에서 직장생활을 시작하게 되었습니다.

## Question 첫 직장은 어디였나요?

Young& Rubicam이라는 광고·마케팅 그룹입니다. 코카콜라, 나이키 다음으로 미국에서 세 번째로 큰 회사로 저는 그곳에서 1년간 근무를 했습니다. 제가 하고 싶었던 분야는 온라인 기획 쪽이었습니다. 다행스럽게 도 원하는 직무를 맡을 수 있었고, 저는 미국 최대 통신사 중 하나인 AT&T를 담당했습니다. 운도 따랐고, 열심히 도와주는 사람들도 있었기 때문에 팀에서 PM(Project manager)까지 했습니다.

Practical training이라고 해서 취업비자를 받기 전에 학교에서 졸업을 한 학생들에게 3년 동안 비자가 내줍니다. 그 비자를 받아 취업을 해서 비자신청을 다시 하면 취업비자 로 바꾸어 주는데, 저는 한창 취업비자로 바꾸는 과정에 있었습니다. 그러던 중에 아버지의 선거를 돕기 위해 제가 한국으로 잠시 들어와야 하는 상황이 생겼습니다.

한국으로 들어와 아버지를 선거를 돕던 중에 친한 후배에게서 연락이 왔습니다. 삼성 전자에서 경력사원을 채용하는 공고가 떴는데, 본인과 함께 지원하자는 내용이었습니다. 마침 선거도 마무리 되는 시점이었고, 만약 채용심사에서 잘 되지 않더라도 미국으로 돌아가면 그만이니까 부담 없이 삼성전자에 지원했습니다. 편한 마음으로 면접까지 보게 되었는데, 놀랍게도 제가 합격을 한 것이었습니다. 정말 우연이었습니다. 그때가 2000년도 초반이었는데 삼성전자 주가가 한참 올라가기 시작할 때였는데, 지금보다는 덜하더라도 위상이 높았던 기업이었기 때문입니다.

합격의 기쁨도 잠시, 고민을 하기 시작했습니다. 당시 저는 30대 초반이었고, 취업비자

로 바꾸는 절차 중에 있었기 때문입니다. 미국에는 보장 된 길이 있었지만 계속해서 일을 쫓아 미국에 머무르게 된다면 점점 한국과 거리가 생길 것이고 한국으로 돌아올 타이밍을 놓칠 수도 있겠다는 생각이 들었습니다. 결국 미국에서 진행 될 탄탄대로의 길을 뒤로하고 한국행을 택했습니다. 제가 다니던 직장동료들과 비자문제를 봐주고 있던 변호사도 저에게 미국에 남을 것을 권유했지만 어느 곳을 가더라도 제가 열심히 해서 인정을 받으면 되는 것이고 내가 어떤 위치의 사람이 되더라도 조직사회를 경험해야 할 텐데 한국의 대기업에서 경험을 하는 것 또한 나쁘지 않을 것이라고 생각했습니다.

그렇게 삼성전자 미디어 콘텐츠 센터에서 근무를 시작하게 되었습니다. 당시 그 곳에서 진행하는 사업들은 미국에서 제가 하던 일과는 조금 다른 분야였습니다. 'yepp'이라는 MP3플레이어에 들어가는 콘텐츠들을 직접 만들어 팔았습니다. 그런데 그때 한창 음원이 무료로 시장에 깔리던 시기여서 보다 질 좋은 콘텐츠임에도 불구하고 빛을 보 지 못했습니다. 또한 영상사업단을 두고 영화를 제작하기도 했습니다. 마지막으로 제작했던 영화가 〈쉬리〉이었는데, 그 영화가 엄청난 흥행을 불러일으켰는데도 영상사업단을 유지하기가 어려운 상황이었습니다. 이후에는 훈민정음이라는 프로그램을 만들어 삼성노트북에 보급을 하기도 하고, 핸드폰으로 아파트 전기를 켜고 끄는 유비쿼터스같은 솔루션사업도 했습니다.

# 할아버지,
## 아버지, 나 그리고
### 정치

▲ 할아버지 ㈜정일형박사와 할머니 ㈜이태영박사와 함께

▲ 왼쪽부터 정호준 의원, 정대철 전(前)의원, ㈜정일형 박사

가장 기억에 남는 일은 군대에서 있었던 일 입니다. 논산훈 련소에 처음 들어가서 신체검사를 받을 때 제 신체검사 종이 위에 빨간색종이가 따로 부착 되어 있는 것을 보았습니다. 자 세히 들여다보니 '특별관리 대상'이라고 적혀있는 종이였습 니다. 저와 같이 따로 분류된 친구들을 불러서 한편에 놓인 의 자에 앉혔습니다. 저는 참 그게 싫었습니다. 다른 친구들은 긴  줄로 서서 자신의 신체검사 차례를 기다리고 있는데 그 앞에서 편히 앉아 대기를 하려고 하니 불편하기만 했습니다.

지금껏 살면서 그런 일들이 많은 편이었습니다. 저를 편하게 하려는 일들이었겠지만, 저 로서는 그만큼 부담스러운 일들이었습니다.

**Question** 현재의 직업을 꿈꾸시는 데 아버지의
영향이 있으셨나요?

그렇습니다. 그렇지만 아버지께서는 저에게 정치를 하라고 권유하신 것이 아닙니다. 제 가 정치인으로서 아버지의 모습을 존경해 오기도 했었고, 아버지 앞에 놓인 정치적 상황이 저를 정치계로 이끌었습니다.

아버지께서는 노무현 전 대통령의 선거자금문제로 옥살이를 하시게 된 적이 있습니다. 그 모습을 지켜보면서 정치에는 관심도 없던 제가 마음을 바꾸어 직접 움직여야겠다는 생 각을 했습니다. 그 때 제 나이가 33살이었습니다. 결심을 하고 아버지를 찾아가 정치를 하 겠다고 말씀드렸더니 화를 내시면서 반대를 하셨습니다.

"아버지, 저도 정치를 하려고 합니다."

"네가 무슨 정치냐? 정치는 아무나 하는 것이 아니다. 네가 함부로 끼어들 곳이 아니다. 절대로 안 된다."

"그런 아버지께서는 왜 30년 전에 할아버지께서 반대하시는 데도 정치를 하겠다고 하셨나요?"

저의 반문에 아버지께서는 30년 전과 똑같은 상황이 생각나셨는지, 더 이상 말씀을 이어나가지 않으셨습니다. 무겁고 긴 침묵 끝에 아버지께서는 열심히 해보라는 한마디로 저를 허락해 주셨습니다.

사실 저는 태어나는 순간부터 정치인생을 살아온 셈입니다. 제가 태어난 해인 1970년에 할아버지께서는 당시 대통령선거에 출마하셨던 김대중 전 대통령의 선대위원장을 맡으셨고, 그 뒤로도 할아버지, 할머니 그리고 아버지께서 늘 봉사하시고 정치활동을 하는 모습을 보며 자랐습니다. 8선 국회의원이셨던 할아버지 정일형, 5선 국회의원을 지내신 아버지 정대철, 할머니 이태영박사와 이모부 조순승 박사 그리고 저까지 가족 모두를 포함해서 보면 19대 국회역사 속에서 저희 가족들이 19개의 금배지를 가지고 있습니다. 자연스럽게 그분들은 저의 정치적 멘토셨고, 지금 저희 아버지는 살아있는 저의 정치 9단의 멘토이십니다.

**Question** 집안 어른들에 대한 국민들의 존경심이
부담으로 다가오지는 않으신가요?

왜 아니겠습니까. 워낙 정치생활을 잘 하셨던 분들 아래에서 성장해 왔으니 저에게 거는 사람들의 기대가 클 것이라는 것은 어느 정도 예상을 했습니다. 그것을 모르고 정치를 시작한 것도 아니고, 그 어르신들에 비하면 당연히 저는 아직 한참 배워야 할 것이 많기 때문에 최선을 다하기 위해 노력하는 편입니다.

이제껏 정치에 관련해서는 할아버지와 아버지의 이야기만 했었는데 절대 빼놓을 수 없는 또 한 분이 저희 할머니, 이태영 박사님이십니다. 저희 할머니는 대한민국에서 가장 똑똑한 할머니셨습니다. 우리나라 최초 여성 사법고시 합격 1호, 국내 최초 여성 변호사로서 책도 많이 쓰셨고 여성인권회복을 위해 노력을 많이 하신 분이기 때문입니다. 우리나라의 여성 지도자들은 한번쯤 저희 할머니를 존경하고 영향을 받았을 것입니다.

사실 어렸을 적에는 할머니께서 얼마나 대단한 사람인지 알지 못했습니다. 저에게는 그저 무서운 호랑이 할머니일 뿐이었는데, 자라면서 새삼 할머니의 존재에 놀라기만 했습니다. 가장 할머니가 자랑스러웠을 때는 우리나라의 오만원권 화폐를 제작할 때였습니다. 오만원권 화폐에 여성 역사인물을 넣기 위해서 3인의 후보를 선정했는데 '신사임당, 유관순, 이태영'이었습니다. 할머니께서는 전근대사적 인물이기 때문에 아직 역사적 평가가 더 남아있다는 이유로 오만원권 도안후보에서 제외되긴 하셨지만 그 후보군에 속하셨다는 것 자체만으로도 뿌듯하고 자부심이 생겼습니다.

할머니께서는 이승만 정권 때 동성동본 및 가족법을 바꾸려고 많은 노력을 하셨습니다. 당시에는 유교학자 들이 할머니께 욕을 많이 했었다고 합니다. 남성 우월주의 속에서 남자가 바람을 피워도 잘못은 여자가 있고, 남녀가 같은 밥상에서 밥을 먹지도 못하던 사회적으로 여성이 존중을 받지 못한 시기였기 때문입니다.

저처럼 지금 부모님들의 직업으로 인해 진로에 영향 을 받는 친구들이 있을 텐데, 이거 하나만은 잊지 말았으면 합니다. 부모님들이 자신의 직업을 자식들이 이어가길 원하시거나 그렇지 않기도 하시지만 언제나 마지막 결정은 자식인 나 자신의 몫이라는 것을 말입니다. 그만큼 고민 을 많이 해야 하고, 그만큼 책임을 져야 하는 부분들도 분명히 있겠지만 내가 고생해야 할 부분을 부모님으로 인해서 덜 할 수 있다는 장점까지도 생각해 보아야 할 것입니다

▲ 할머니 (故)이태영박사와 정호준의원

국민의 편안한
대한민국을 위해,
19대 서울 중구
국회의원
정호준

국회의원이 되는 길은 어떠셨나요?

2004년에 처음으로 국회의원 선거에 출마했습니다. 보기 좋게 패배를 맛보았고, 2008년 도에는 당에서 주는 공천마저 탈락을 하게 되었습니다. 세 번째 도전 만에 2012년에 19 대 국회의원에 당선 되었습니다.

선거에 출마했던 순간부터 저는 정치인으로서의 삶을 살았습니다. 2004년 첫 선거에서 탈락했을 때에는 당의 추천으로 노무현 전 대통령 비서실에서 행정관으로 근무를 했습니다. 그곳에서 한 가지 일만 했던 것이 아니라 시민사회 수석실, 정무 비서관실, 정책 조정비서관실에서 고루 업무를 보았습니다.

▲ (故)노무현 전 대통령과 청와대 비서실행정관 시절

저마다의 역할이 달랐는데, 시민사회 수석실은 노무현 대통령 때 처음 생긴 수석실로 시민사회도 또 하나의 권력으로 인정하면서 다양한 시민 사회들의 관계를 계속 유지하고, 그들이 가진 의견과 발전들, 다양한 시민사회들과 국가와의 갈등들, 지역갈등 등을 해결하는 역할이었습니다.

정무비서관실에서는 대통령의 정치적인 눈, 귀, 입이 되는 역할을 했습니다. 대통령의 정무적 정치적 판단을 위한 준비나 자료, 현황들을 점검하고 정당들이 갖고 있는 여러 문제점들을 분석합니다. 대통령과 여야관계, 청와대와 정부여당이 함께하는 당·정·청 회의도 준비하고 총체적으로 정무적인 현안에 대한 사전 준비 및 예견, 이후 분석 등의 역할을 맡아 진행하는 곳입니다. 뿐만 아니라 대통령께서 정무를 잘 보실 수 있도록 커뮤니케이션 역할도 하고, 정당이 갖고 있는 생각을 대통령에게 전달하는 다리 역할도 합니다.

정책조정관실은 정책문제나 국정과제를 수행하는 데 있어서 여러 갈등 및 문제들을 조정하는 곳입니다. 또한 청와대도 정부의 구조처럼 사회, 문화, 경제, 외교, 국방, 안보 등 다

나뉘어져 있는데 그곳에서 나온 여러 가지 정책적인 것을 조정하기도 하고 정책 조정실이 감독부서이다보니 여러 부처에서 오신 과장급 출신들이 많았습니다. 거의 각 부처에서 최고의 엘리트들만 모아놓은 곳이라고 생각하시면 됩니다.

업무는 다 비슷하게 했던 것 같은데 저만 운 좋게도 3개의 비서실을 옮겨 다니며 일을 할 수 있어 좋은 경험을 하게 되었습니다. 국정운영의 최상단에서 국가 및 정부, 나라가 움직이는 것을 보고 배우게 된 것입니다. 그래서 그런지 청와대에 계셨던 분들 중에서 기관장, 시의원, 국회의원 등 정치를 계속 하시는 문들이 많이 계십니다. 그런데 정치라는 것은 정당을 통해서 갈 수 있고 사회에 있다가 갈 수도 있고, 저같이 출마에 낙선 하고서 지역의 정당책임자로 있다가 할 수 있는 것입니다. 그렇기 때문에 그 분들과 정책적인 것을 도모 했던 것이 국회의원을 하는 지금 많은 도움이 됩니다.

## Question 2008년도에 공천에서 탈락하신 뒤에는 무엇을 하셨나요?

2008년 총선을 준비하면서 지역구를 많이 다녔습니다. 고민도 많았고 청와대 경험도 쌓았습니다. 하지만 중앙당의 방침으로 공천을 받지는 못했습니다. 정말이지 아쉬움이 컸고, 힘든 시간이었습니다. 그런데 정치를 시작하겠다는 초심을 떠올려보니 결국 '나눔'과 '기부'로 귀결된다는 것을 새삼 깨달았습니다. 그때부터 사단법인 '사회문화나눔 협회'를 시작했습니다.

사회적 기업이기 때문에 돈이 많이 필요했습니다. 많은 사람들의 도움을 받았고 그곳의 총괄이사로서 〈소리나눔 콘서트〉도 열었습니다. 소위 말하는 문화기부도 진행했고, 사회적 약자들에게 문화를 접할 수 있는 다양한 프로그램들을 만들었습니다. 그런데 아무래도 수익성이 떨어지다 보니 한계가 있었습니다.

지금도 하고 있기는 합니다만 처음 시작했을 때에는 굉장히 활성화가 안 되어서 무엇이든 많이 버거웠습니다. 저희가 기부공연을 열어서 모은 기금으로 장애인들을 위해 맞춤

악기를 제작해 드리기도 했습니다. 그 중에 한분이 저에게 이런 말씀을 하셨습니다. 장애인들은 늘 소외 받는다고 느끼시는데, 이런 활동을 통해서 본인이 사회의 하나의 일원으로 인정받고 있구나 하는 마음을 갖게 되셨다고 말입니다.

이 것 이외에도 많은 활동들을 하면서 예비 사회적 기업으로 몇 년을 일했습니다. 그 리고 할아버지, 할머니 이름을 기리는 장학회도 운영했고, 끊임없이 지역 주민들과 소통하며 4년을 보냈습니다. 더불어 반값등록금운동같은 시민사회운동도 했습니다.

**Question** 그동안 경험하셨던 선거과정 중에 기억에 남으시는 일이 있으신가요?

아무래도 처음 선거에 출마했을 때인 2004년이 기억에 남습니다. 그 때는 지금보다 더 젊었기 때문에 선거운동을 할 때 캐주얼한 복장으로 다녀도 될 거란 생각이 들어 남방셔츠에 면바지를 입고 나갔습니다.

선거운동을 하는 동안 수행비서님이랑 동행을 하게 되는데, 그때 수행비서님이 40대 후반이셨습니다. 대개 제 소개는 수행비서분들이 옆에서 '열린 우리당의 정호준 후보입니다' 이런 식으로 해주시기도 합니다. 그런데 대부분의 사람들이 저와 수행비서님을 혼동 하셨는지 그 분에게 가서 반갑다고 인사를 해주셨습니다. 한 두 분도 아니고 계속 그런 상황이 벌어지자 안 되겠다 싶어서 3시간 만에 집으로 돌아와 옷을 다시 갈아입고 선거운동을 나갔던 기억이 납니다. 아무래도 그때 제 나이가 33살이다보니 대학생 운동원 정도로 봐주셨던 것 같습니다.

# 직업으로써 국회의원은 어떤가요?

국회의원은 사명감으로 하는 직업입니다. 천직의 개념이지, 돈을 벌기 위해 하는 직업은 아닙니다. 그래서 '내가 세상을 바꾸겠다, 더 나은 세상을 만들겠다.' 하는 확고한 의지와 철학이 있지 않는 한, 생계에 국한 되어서 일을 할 수 없다고 생각합니다.

물론 공천을 받아야 하고, 정치적으로도 알아야 하고, 그 분야에서 전문가라고 인정을 받아야하는 어려운 과정들이 있기는 하지만, 누구나 할 수 있는 직업입니다. 사회를 좋은 방향으로 이끌고 변화시키려는 의지와 리더십을 가진 사람들이 국회의원이 되기 적합한 사람이라고 생각합니다. 어느 정당과 어느 정치인을 선택하느냐에 따라서 내가 원하고, 내가 인지할 수 있고, 내가 인정할 수 있는 부분들의 정치력을 발휘하여 세상을 바꿀 수 있는 첫 단추이기 때문입니다. 그만큼 개개인의 삶과 밀접한 관계에 놓여있어서 정치인이라는 직업이 중요합니다.

제가 휘트니휴스턴이나 머라이어 캐리 처럼 노래를 잘 부르는 재능을 가졌다면, 무대에 올라가서 수많은 관객들을 노래로 감동시킬 수 있는 특권을 가졌다고 할 수 있습니다. 마찬가지로 지금의 저는 정치인으로서, 한 단계 올라서서 국민을 대표하고, 나를 통해 많은 사람들에게 희망을 주고, 행복을 주고, 안정된 사회를 만들 수 있는 그 누구보다도 큰 감동을 선사할 수 있는 특권을 가진 사람입니다. 그에 따른 보람과 희열은 말로 표현할 필요도 없고 그만큼 책임도 있지만, 그것을 얻기 위해서 제가 노력한 것이기 때문에 결코 힘들다고 생각되지 않습니다.

저는 한 명이 아니라 수천 명의 사람들에게 기쁨을 주는 것이고, 역사의 한 장에 긍정적으로 평가될 수 있다면 인간으로서 최고의 가치 있는 일이 아닐까 싶습니다. 그만큼 비판도 많이 받겠지만, 그럴 수 있는 기회가 있다는 것이 중요한 것 같습니다.

# 19대 국회의원들의
## 커리어패스
## 살펴보기

대한민국 제19대 국회의원은
지역구 246명, 비례대표 54명으로 총 300명의 의원으로 이루어져 있다.
임기는 2012년 5월 30일부터 2016년 5월 29일 까지이다.

# 19대 국회의원 당선 횟수

| 2014.06.04 지방선거 이전기준 |

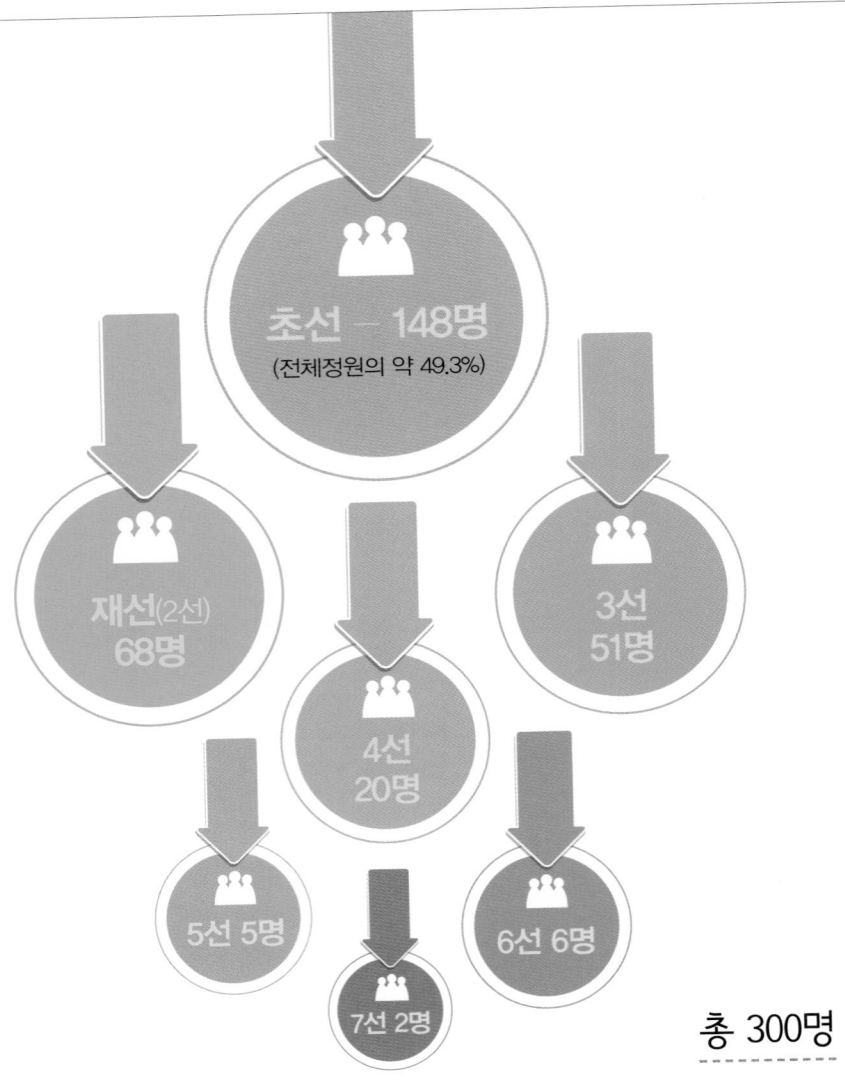

초선 – 148명
(전체정원의 약 49.3%)

재선(2선)
68명

4선
20명

3선
51명

5선 5명

7선 2명

6선 6명

총 300명

# 19대 국회의원 대학별 분포도

| 2014. 06. 04 지방선거 이전기준 |

| 학교명 | 인원(명) | 분포도(%) | 학교명 | 인원(명) | 분포도(%) |
|---|---|---|---|---|---|
| 가톨릭대학교 | 1 | 0.3 | 강남대학교 | 1 | 0.3 |
| 강원대학교 | 1 | 0.3 | 건국대학교 | 8 | 2.6 |
| 경기대학교 | 2 | 0.6 | 경남대학교 | 2 | 0.6 |
| 경북대학교 | 6 | 2 | 경상대학교 | 1 | 0.3 |
| 경찰대학교 | 1 | 0.3 | 경희대학교 | 7 | 2.3 |
| 경희사이버대학교 | 1 | 0.3 | 계명대학교 | 1 | 0.3 |
| 고려대학교 | 24 | 8 | 관동대학교 | 1 | 0.3 |
| 국민대학교 | 1 | 0.3 | 김일성종합대학 | 1 | 0.3 |
| 단국대학교 | 1 | 0.3 | 대구교육대학교 | 1 | 0.3 |
| 대림대학교 | 1 | 0.3 | 대전대학교 | 1 | 0.3 |
| 대진대학교 | 1 | 0.3 | 덕성여자대학교 | 1 | 0.3 |
| 동국대학교 | 8 | 2.7 | 명지대학교 | 2 | 0.6 |
| 부산대학교 | 6 | 2 | 서강대학교 | 2 | 0.6 |
| 서울대학교 | 81 | 27 | 서울산업대학교 | 1 | 0.3 |
| 서울예술대학교 | 1 | 0.3 | 성균관대학교 | 22 | 7.3 |
| 세종대학교 | 1 | 0.3 | 숙명여자대학교 | 1 | 0.3 |
| 순천대학교 | 1 | 0.3 | 숭실대학교 | 1 | 0.3 |
| 아주대학교 | 1 | 0.3 | 연세대학교 | 24 | 8 |
| 영남대학교 | 5 | 1.6 | 용인대학교 | 2 | 0.6 |
| 우석대학교 | 1 | 0.3 | 울산공과대학교 | 1 | 0.3 |
| 울산대학교 | 1 | 0.3 | 육군3사관학교 | 1 | 0.3 |
| 육군사관학교 | 6 | 2 | 이화여자대학교 | 12 | 4 |
| 인하대학교 | 3 | 1 | 전남대학교 | 7 | 2.3 |
| 전주비전대학교 | 1 | 0.3 | 제주대학교 | 1 | 0.3 |
| 중앙대학교 | 10 | 3.3 | 창원대학교 | 1 | 0.3 |
| 충남대학교 | 1 | 0.3 | 충북대학교 | 1 | 0.3 |
| 한국방송통신대학교 | 5 | 1.7 | 한국외국어대학교 | 7 | 2.3 |
| 한밭대학교 | 1 | 0.3 | 한양대학교 | 8 | 2.7 |
| 해군사관학교 | 1 | 0.3 | 국외 대학교 | 4 | 1.3 |
| 대학교 미 진학 | 3 | 1 | | | |

# 19대 국회의원 대학전공별 분포도

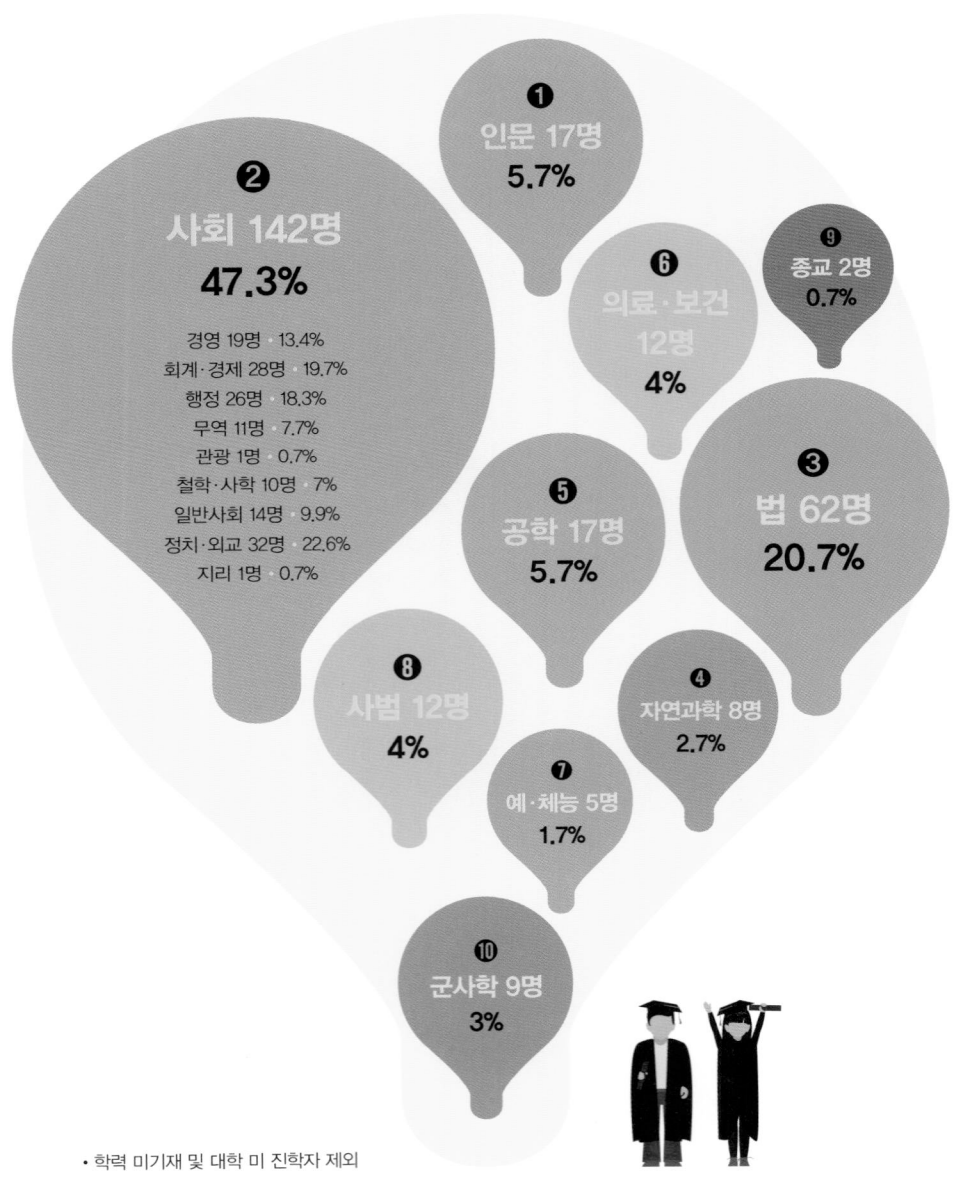

❶ 인문 17명
5.7%

❷ 사회 142명
**47.3%**

경영 19명 · 13.4%
회계 · 경제 28명 · 19.7%
행정 26명 · 18.3%
무역 11명 · 7.7%
관광 1명 · 0.7%
철학 · 사학 10명 · 7%
일반사회 14명 · 9.9%
정치 · 외교 32명 · 22.6%
지리 1명 · 0.7%

❻ 의료 · 보건 12명
4%

❾ 종교 2명
0.7%

❺ 공학 17명
5.7%

❸ 법 62명
**20.7%**

❽ 사범 12명
4%

❹ 자연과학 8명
2.7%

❼ 예 · 체능 5명
1.7%

❿ 군사학 9명
3%

• 학력 미기재 및 대학 미 진학자 제외

# 19대 국회의원 이전 직업별 분포도

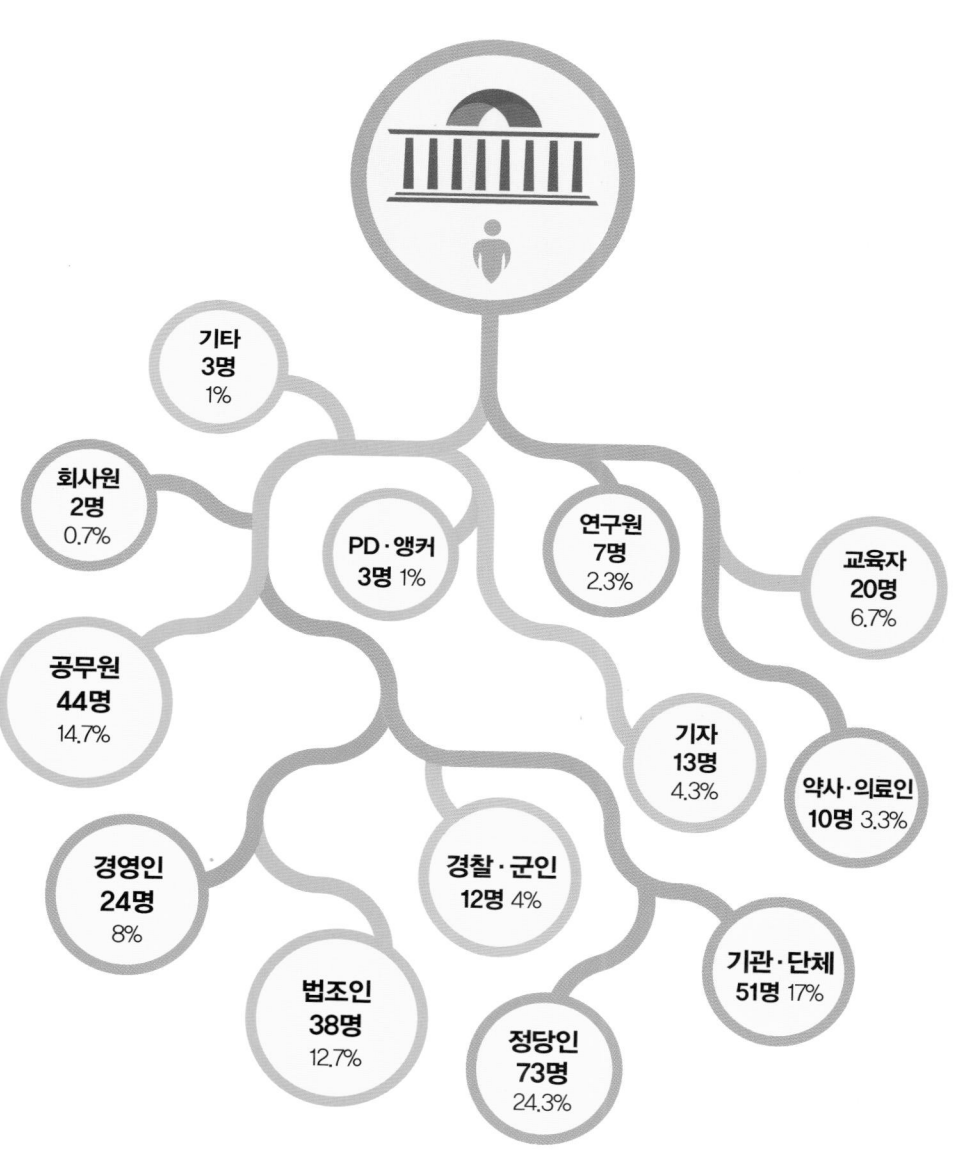

국회의원에게
**직접 묻는다**

## 의원님은 어떤 음식을 가장 좋아하시나요?

**정호준** 의원님

특별히 음식을 가리지는 않습니다. 그런데 가장 선호하는 음식이 있다면 돼지껍데기를 가장 좋아합니다. 꼬들거리는 식감도 좋고 건강에도 좋기 때문입니다. 지역주민들을 만날 때에는 돼지 껍데기에 소주 한잔씩 나누는 편입니다. 돼지껍데기를 안주 삼아 한잔 두잔 술잔을 기울이다 보면 서로 이야기 도 잘 통하는 것 같습니다. 물론 우리나라를 대표하는 여러 음식들이 있겠지만 저에게 있어서 돼지껍데기는 정이 넘치는 음식입니다.

## 국회의원으로서 힘든 점은 없나요?

**정호준** 의원님

우선 시간이 많이 부족한 편입니다. TV에서는 국회의원들끼리 갈등하고 대립하는 모습들이 많이 비쳐집니다만, 실제로는 이른 아침부터 늦은 밤까지 참석해야 할 많은 회의들이 있습니다. 결정해야 할 사안들도 많이 있고, 살펴야 할 자료나 읽어야 할 책들도 정말 많습니다. 주말이 되면 주중에 찾아뵙지 못했던 많은 지역 주민들을 만나기 위해 동분서주해야 합니다. 그러다 보니 가족과 나눌 수 있는 시간적 여유가 늘 부족합니다.

저의 짧은 미국경험을 돌이켜보면 미국 정치인들은 가족의 가치를 정말 중요하게 생각하는 편입니다. 유권자들도 자신의 가족을 위하는 정치인들을 높게 평가합니다. 그런데 우리 문화는 조금 다릅니다. 정치인이라면 으레 개인적인 것보다 공적인 일 에 헌신하는 모습을 기대하시기 마련입니다.

## 옷은 직접 골라 입으시나요?

**정호준** 의원님

제 센스가 부족해 보였나요?^^ 유학시절부터 옷차림새 같은 걸 신경 써 줄 사람이 없어서 제가 직접 옷을 골라 입고 구매하는 것에 익숙합니다. 지금은 아내가 드레스 코치를 많이 해주는 편이지만 아무래도 언론 매체 앞이나 많은 사람들 앞에 서야 하 는 일이 많은 직업이다 보니 캐주얼 차림보다는 깔끔하고 단정 한 정장스타일을 많이 입게 되는 편입니다. 물론 개인적인 시간 을 보낼 때는 청바지에 면T를 즐겨 입습니다.

## 크리스마스에는 무엇을 하시나요?

**정호준** 의원님

저희 집안은 대대로 기독교 집안입니다. 정일형박사로 유명하신 저희 할아버지께서는 기독교 학교인 연희전문학교를 졸업하셨고 그 뒤에는 감리교 교육국에서 잠시 일하셨던 적도 있습니다. 저희 할머니, 이태영박사님께서는 신앙심이 매우 깊으셔서 해방 정국에서는 열심히 전도활동도 하셨습니다. 할아버지와 할머니 가 만나신 것도 교회 일을 통해서였다고 들었습니다.

그래서인지 크리스마스 때는 온 가족이 함께 모여 트리도 장식 하고 산타 할아버지에게 직접 손 편지도 썼습니다. 정치인이 되고 난 이후에도 크리스마스에는 별도의 일정을 잡지 않았습니다. 언제나 그랬듯이 크리스마스 아침에는 교회에서 예배를 드린 뒤 가족과 함께 시간을 보냅니다.

## 국회의원이 되기 전 직업은 어떤 것이 좋을까요?

**이언주** 의원님

국회의원은 정책을 만드는 하나의 입법기관이면서 많은 사람들을 만나는 직업입니다. 그리고 자신의 의사표현을 잘 하고, 리더역할을 해야만 합니다. 이러한 조건에 맞는 직업군에서 전문가가 되면 실제 정책과 연관시켜 실효성 있는 정책 대안을 제시하는 좋은 국회의원이 될 수 있을 것입니다. 독립적으로 다양한 활동을 할 수 있는 변호사도 국회의원의 자질을 쌓을 수 있는 좋은 직업 중 하나라고 생각합니다.

## 당 선택은 어떻게 하시게 되었나요?

**이언주** 의원님

제 정치철학 성향과 당의 정강정책 노선을 비교해서 선택하게 되었습니다. 우선 저는 대중정당으로 가려고 했기 때문에 선택지는 두 가지였습니다. 국회의원이라는 직업을 택하기 전에 기업에서 사회적 책임에 대한 일을 했었고, 사회 안전망 구축 필요성을 위해 정치를 시작하려고 했기 때문에 경제민주화와 복지에 대한 정통성을 가진 당은 민주당이라고 판단했습니다. 물론 새누리당에도 좋은 분들이 있지만 과거 군사독재의 공화당, 민정당의 역사적 뿌리 때문에 제 역사의식상 생각해 보지 않았습니다. 그리고 민주 당 내 비교적 리버럴한 분위기나 여성 정치인의 입지가 상대적으로 강한 것도 한 요인이었어요.

## 체력과 지적능력 중 어떤 것이 국회의원에게 중요한가요?

**이언주** 의원님

하하^^

물론 많은 사람을 만나야 하고, 많은 일정을 소화할 수 있어야 하기 때문에 체력도 중요합니다. 시간이 부족하기 때문에 하루에 4-5시간 밖에 잘 수가 없습니다. 지적 능력 또한 매우 중요합니다. 민원과 정책 및 입법을 위해 상황을 판단하고, 그 핵심을 관통해서 추진해야 하기 때문입니다.

얘기를 하다 보니 체력과 지적 능력이 모두 중요하다고 말 하고 있는데 굳이 따져본다면 100% 중에 체력이 40%, 지적 능력이 60%정도라고 해두면 될 것 같습니다^^

## 좋아하는 계절은 무엇인가요?

**이언주** 의원님

저는 따뜻한 햇볕 아래에서 야외활동, 자연환경을 누릴 때 가장 행복감을 느끼는 편입니다. 그래서 꽤 낙관적인 성격인 것 같아요. 4계절 중 화창한 봄과 여름에 야외활동하기에 적합한 것 같아 가장 좋아하는 계절로 꼽고 있습니다.

## 국회의원이 되기에 유리한 학과나 전공이 있나요?

**송호창** 의원님

그런 것은 전혀 없습니다. 지금 현직 국회의원들의 전공을 보아 도 정말 다양합니다. 국회의원은 본인의 관심분야나 주도적으로 활동하고 싶은 분야의 상임위원회를 하는 것이 중요하다고 봅니다. 상임위원회 안에서 보다 많은 국민에게 혜택이 돌아갈 수 있도록 공정한 사회적 시스템을 구축하고 만들어야 하기 때문입니다.

저 같은 경우에는 대학전공이 경제학이었지만 졸업 후에는 법조인이 되었고 지금은 정치인을 하고 있습니다. 그러나 저는 저의 행보가 모두 분리되어있다고 생각하지 않습니다. 모든 분야는 우리 사는 삶과 연결되어 있고 제가 전공한 분야를 얼마나 깊게 이해하고 이용하는 것은 각자의 노력에 달려있다고 생각합니다.

내가 지금 하고 싶은 일, 그리고 그것을 통해 무엇을 이룰 수 있는 지를 생가해 보는 것이 어떨까요?

## 스트레스는 어떻게 푸시나요?

**송호창** 의원님

저는 운동을 좋아하는 편입니다. 거의 매일 새벽부터 늦은 밤 까지 빡빡한 일정이지만 하루에 1시간 정도는 꼭 운동을 합니다. 몸은 지치고 힘들지만 운동을 하고 나면 스트레스가 풀리는 짜릿함을 느낄 수 있습니다.

또 주변의 좋은 사람들과 함께 할 수 있는 시간을 갖습니다. 가장 가까운 가족, 오랜 친구들, 선배, 후배 등 이야기를 주고받다 보면 어느새 웃고 있는 저를 발견하게 되더군요.

## 의원님의 용돈은 얼마나 되시나요?

**송호창** 의원님

검소한 부모님 덕분에 어려서부터 돈을 꼭 필요한 경우에 만 쓰는 것이 습관이 되었습니다. 그래서인지 몰라도 예전이나 지금이나 꾸미기, 쇼핑, 이런 부분에는 큰 관심이 없습니다. 용돈도 많이 쓰지 않는 편이고, 식비와 필요한 도서구입 정도가 지출의 대부분입니다.

## 국회의원의 배지는 지급받는 건가요? 직접 구입하나요?

**송호창** 의원님

국회의원 배지는 국회의원에게 당선 될 당시에 1개씩 지급됩니다. 1인당 1개씩 사용하라는 규정은 없기 때문에 경우에 따라서 여분의 배지가 필요한 경우에는 국회사무처에서 추가 구입할 수 있습니다. 단, 현직 국회의원에 한해서만 가능하답니다.^^

## 쉬는 날에는 무엇을 하시나요?

**이종훈** 의원님

사실상 쉬는 날이 따로 없습니다. 매일 의정활동과 지역활 동의 연속이지요. 주말에는 경로당을 비롯해 상가, 복지관 등 지역 곳곳을 방문하여 주민들이 생활하는데 불편한 점은 없는지 안부를 여쭙고, 지역 민심을 챙기느라 오히려 더 바쁠 때가 많습니다.

그나마 짬이 좀 날 때는 아내와 함께 애완견을 끌고 탄천 변 산책에 나서기도 합니다. 두 손을 꼭 붙잡고 산책하는 노부부의 모습에서, 또 아버지와 함께 공놀이를 하면서 환하게 웃고 있는 아이들의 모습에서 제 몸과 마음의 피로가 싹 풀리는 기분을 느낄 수 있습니다.

## 예비 국회의원들을 위한 교육과정은 따로 없나요?

**이종훈** 의원님

국회나 정부차원에서는 예비 국회의원들을 위한 정기 교육과정이 따로 없는 것으로 알고 있습니다. 다만, 새누리당 차원에서 운영하는 정치아카데미가 이를 대신할 수 있을 것 같습니다. 정당정치 및 지방자치에 대한 이해, 선거전략, 여론조사, 언론홍보 방법 등에 관한 강의가 진행되는데, 예비 정치인들이 꿈을 향해 나아가는데 조금이나마 도움이 되지 않을까 싶네요.

## 탈북자 출신도 국회의원이 될 수 있나요?

**이종훈** 의원님

대한민국 국회는 열린 국회를 지향하고 있습니다. 대한민국의 국적을 갖고 있고, 국민을 사랑하고, 국민을 위해 봉사 할 수 있는 마음을 가진 사람이라면 누구든지 대한민국의 국회의원이 될 수 있습니다.

이미 19대 국회에는 탈북자 출신인 새누리당 조명철 의원이 활동하고 있습니다. 대한민국을 사랑하는 마음 하나로 누구 보다 열심히 국민을 위해 봉사하는 것으로 알고 있습니다.

## 의원님의 출퇴근 시간은 어떻게 되시나요?

**김상민** 의원님

사실 정해진 시간이 없어요. 일정에 맞추어 출퇴근 시간이 정해지기 마련인데, 일찍 시작해야 할 일이 있다면 새벽 5~6시에 출근하기도 해요. 늦게 끝나는 날에는 새벽 2~3시에 끝나기도 하고요. 하지만 기본적으로 5시간은 꼭 자려고 노력해요. 체력이 뒷받침 되어야 건강한 사고를 가질 수 있거든요.

## 국회의원이 되셔서 가장 많은 시간을 어느 부분에 쓰시게 되었나요?

**김상민** 의원님

사람들과 만나는 시간이 가장 많아요. 국회의원은 민의를 대변하는 사람이고, 국민들의 목소리는 만나서 직접 들어야 하니까요. 또한 들은 이야기들을 실제로 실현해 내기 위해 정책이나 법과 제도에 대해 고민하거나 문제를 해결하는 데 시간을 많이 쏟는 편이예요.

## 작년을 돌아보면서 가장 즐거웠던 순간은 언제셨나요?

**김상민** 의원님

즐거웠다기보다는 감사했던 일이 많았던 날들이었어요. 수만 명의 대학생들에게 혜택이 주어지는 반값등록금 정책을 실현해낼 수 있었고, 가습기 살균제 피해자 분들처럼 억울하고 어려운 상황에 처해 있는 분들에게도 도움을 드릴 수 있었어요. 누군가의 어려움을 실제적으로 해결해줄 수 있다는 것, 이런 일을 할 수 있는 국회의원의 자리에 제가 서 있다는 것이 정말 굉장한 일인 것 같아요.

## 다시 고등학교 3학년으로 돌아가신다면 무엇을 해보고 싶으신가요?

**김상민** 의원님

공부다운 공부를 해보고 싶어요. 말씀드렸다시피 저는 고등학교 때 강압적인 교육방식에 거부감이 들어 적응하기 어려웠고, 점점 커리큘럼에 따른 학업과는 조금씩 멀어졌거든요. 음악을 즐기는 동아리 활동이나 종교 활동도 즐기면 서 하고 싶은 공부, 알고 싶은 공부를 충분히 했으면 좋겠어요.^^

# 여의도
## 1번지, 국회

# 국회의 역사

　제헌국회 개원 이후 오늘에 이르기 까지 국회는 1950년 6·25 한국전쟁과 1960년 4·19민주혁명, 1980년 광주민주화운동, 1987년 6월 항쟁, 1997년 12월 극심한 외환위기 등 국내외의 격동과 시련 속에서도 국민의 대의기관으로서 민주정치의 발전을 주도해왔으며, 민주적 토론공간의 확장과 생산적인 의회정치를 위해 노력하고 있습니다.

# 국회의 구성

## ❶ 국회의장단

국회는 국회의장 1인과 부의장 2인을 본회의에서 무기명으로 선출하며 임기는 각각 2년입니다. 의장은 국회를 대표하고 본회의를 주재하며 국회의 조직과 운영에 대한 전반적 사무를 감독합니다. 중립적인 국회운영을 위해 의장은 임기 동안 에는 정당의 당적을 가질 수 없습니다.

## ❷ 국회의원

국회는 지역구 국회의원 246명과 비례대표 국회의원 54명, 두 300명의 국회의 원으로 구성되어 있으며, 국회의원의 임기는 4년입니다. 국민에 의해 선출된 국회의원은 국민의 뜻을 수렴하여 필요한 법률을 제정하고 국민의 세금으로 이루어진 국가 재정이 공정하고 투명하게 운용되는지 감시하며, 정부가 국민을 위한 올바른 정책을 수행하도록 국정감사 및 국정조사를 통하여 견제하는 역할을 합니다.

# ❸ 위원회

위원회는 본회의 심의에 앞서 의안을 예비 심사하는 기관으로 16개 상임위원회 와 2개의 상설특별(예산결산·윤리)위원회가 있습니다. 그 외 특정사안을 심사하기 위해 활동 기한을 정하여 특별위원회가 설치·운영될 수 있습니다. 의장을 제외한 모든 국회의원 은 전문성과 관심분야에 따라 위원회 위원이 됩니다.

## 상임위원회 종류 및 소관

### 1. 국회운영위원회
- 국회운영에 관한 사항
- 「국회법」기타 국회규칙에 관한 사항
- 국회사무처 소관에 속하는 사항
- 국회도서관 소관에 속하는 사항
- 국회예산정책처 소관에 속하는 사항
- 국회입법조사처 소관에 속하는 사항
- 대통령비서실, 국가안보실, 대통령경호실 소관에 속하는 사항
- 국가인권위원회 소관에 속하는 사항

### 2. 법제사법위원회
- 법무부 소관에 속하는 사항
- 법제처 소관에 속하는 사항
- 감사원 소관에 속하는 사항
- 헌법재판소 사무에 관한 사항
- 법원·군사법원의 사법행정에 관한 사항
- 탄핵소추에 관한 사항
- 법률안·국회규칙안의 체계·형식과 자구의 심사에 관한 사항

### 3. 정무위원회
- 국무조정실, 국무총리비서실 소관에 속하는 사항
- 국가보훈처 소관에 속하는 사항
- 공정거래위원회 소관에 속하는 사항
- 금융위원회 소관에 속하는 사항
- 국민권익위원회 소관에 속하는 사항

### 4. 기획재정위원회
- 기획재정부 소관에 속하는 사항
- 한국은행 소관에 속하는 사항

### 5. 미래창조과학방송통신위원회

- 미래창조과학부 소관에 속하는 사항
- 방송통신위원회 소관에 속하는 사항
- 원자력안전위원회 소관에 속하는 사항

### 6. 교육문화체육관광위원회

- 교육부 소관에 속하는 사항
- 문화체육관광부 소관에 속하는 사항

### 7. 외교통일위원회

- 외교부 소관에 속하는 사항
- 통일부 소관에 속하는 사항
- 민주평화통일자문회의 사무에 관한사항

### 8. 국방위원회

- 국방부 소관에 속하는 사항

### 9. 안전행정위원회

- 안전행정부 소관에 속하는 사항
- 중앙선거관리위원회 사무에 관한 사항
- 지방자치단체에 관한 사항

### 10. 농림축산식품해양수산위원회

- 농림축산식품부 소관에 속하는 사항
- 해양수산부 소관에 속하는 사항

### 11. 산업통상자원위원회

- 산업통상자원부 소관에 속하는 사항

### 12. 보건복지위원회

- 보건복지부 소관에 속하는 사항
- 식품의약품안전처 소관에 속하는 사항

### 13. 환경노동위원회

- 환경부 소관에 속하는 사항
- 고용노동부 소관에 속하는 사항

### 14. 국토교통위원회

- 국토교통부 소관에 속하는 사항

### 15. 정보위원회

- 국가정보원 소관에 속하는 사항
- 「국가정보원법」제3조 제1항 제5호에 규정된 정보 및 보안업무의 기획·조정 대상부처 소관의 정보예산안과 결산심사에 관한 사항

### 16. 여성가족위원회

- 여성가족부 소관에 속하는 사항

## ❹ 본회의 · 교섭단체

본회의는 국회의원 전원으로 구성되는데 국회에 제출·발의되는 모든 안건을 최종적으로 심의·확정합니다.

교섭단체는 원활한 국회운영을 위한 의원단체입니다. 20명 이상의 소속의원을 가진 정당은 하나의 교섭단체 되며 다른 교섭단체에 속하지 않는 20명 이상의 의원은 독립적으로 교섭단체를 구성할 수 있습니다.

## ❺ 입회지원조직

### 1. 국회사무처

제헌국회 때 설립되어 국회와 역사를 함께하는 국회사무처는 국회의원의 의정활동을 지원하고 국회의 행정사무를 처리하기 위하여 국회에 두는 기관입니다.

법률안, 청원 등의 접수·처리에서부터 국회의 회의, 법안 및 예산결산심사, 국정감·조사 지원, 국회의원의 의회외교활동 지원, 국회방송(NATV) 및 국회 홍보에 이르기까지 입법 및 의정활동의 핵심적인 지원업무를 수행하고 있습니다. 국회의원이 요구하는 법률안을 기초하고 각종 심사안건에 대하여 전문적인 검토의견을 보고하는 등 의원들에게 다양한 입법정보를 제공합니다.

### 2. 국회도서관

국회도서관은 도서·논문·멀티미디어자료 등 각종 자료를 수집·정리·가공하여 국회의원에게는 입법정보를, 국민들에게는 지식 과 정보를 제공하는 지식정보의 보고입니다. 조사·번역, 정책연혁정보 서비스, 인터넷자원 DB구축 등을 통해 입법 활동이 보다 손쉽게 되도록 지원합니다. 또한, 야간자료예약제도를 통해 야간에도 제한 없이 자료열람 이 가능하도록 합니다. 국회도서관 홈페이지 전자정보교류협력

코너의 협의회 기관에서는 국회도서관에 방문하신 것과 동일하게 원문데이터베이스를 열람, 출력할 수 있습니다. 국회도서관은 18세 이상인 자와 대학생이라면 누구나 이용할 수 있습니다.

## 3. 국회입법조사처

국회입법조사처는 입법부의 독자적이고 전문적인 지식·정보 체계를 구축하고 의원 입법 활성화에 따른 입법정보 수요증가에 대응하기 위해 출범되었습니다.

입법 및 정책에 대한 조사·분석, 국회의원 및 위원회의 조사·분석요구에 대한 회답, 행정부의 위법 또는 제도 개선사항 발굴, 국회의원연구단체에 대한 정보제공, 외국의 입법동향 분석 및 정보제공 등의 업무를 수행합니다.

## 4. 국회예산정책처

국회예산정책처는 국회의 예·결산 심의 및 행정부에 대한 견제와 감시활동의 전문성을 높이기 위해 설립된 정책산실입니다. 예산안 및 결산 분석, 국내외 경제전망 및 결제·재정정책 분석, 세제분석 및 세수추계, 국가주요사업 평가 및 중장기 재정소요 분석 등을 통해 국회의 재정통제 기능 강화에 기여하고 있습니다.

특히 최근 들어 급증하고 있는 위원회 또는 국회의원의 조사·분석요구 및 법안비용추계요구를 처리하고 있으며, 대외협력을 통해 최신 정보 및 분석 기법 등을 공유하고 있습니다.

# 국회가 하는 일

## 🏛 입법에 관한 권한

국회는 국민의 다양한 의견을 존중하여 법을 만들고 정책을 수립하는 민주주의의 중심입니다. 법률안은 국회의원 10인 이상의 찬성으로 발의되거나, 정부에 의해 제출됩니다. 제 15대 국회 이후 정부보다 국회의원이 발의한 법률안의 건수가 지속적으로 증가하고 있는데, 이는 국회가 국민의 다양한 의견을 많이 수렴하여 정책에 반영하고 있다는 의미입니다.

# ❶ 헌법개정안 제안·의결권

헌법 개정의 의의

　헌법에 규정된 개정절차에 따라 특정조항을 수정 및 삭제하거나 새로운 조항을 추가 하여 헌법의 형식이나 내용에 변경을 가하는 것입니다.

　국회가 헌법개정과정에서 제안권과 의결권을 행사하는 것은 헌법 개정에 대한 국민 적 합의의 가능성을 높이고자 하는 데 있습니다.

## ■ 헌법 개정 절차

**제안 ▶**
- 헌법개정안 제안권자 : 국회의원, 대통령
- 국회의원 : 재적의원 과반수
- 대통령 : 국무회의의 심의를 거쳐 제안

　▸ 재적의원 과반수　대통령　▸ 재적의

**공고 ▶**
- 제안된 헌법개정안의 내용을 국민에게 알리는 절차로 대통령이 20일 이상 공고

　▸ 대통령 20일 이상 공고

**국회의결 ▶**
- 공고된 날로부터 60일 이내 의결
- 재적의원 3분의 2이상 찬성
- 표결은 기명투표에 의함
- 공고된 헌법개정안에 대하여 수정하여 의결할 수 없음

　▸ 재적의원 2/3 이상 찬성

**국민투표 ▶**
- 국회에서 의결한 후 30일 이내에 국민투표 회부
- 국회의원 선거권자 과반수의 투표와 투표자 과반수의 찬성으로 확정

　▸ 국회의원 선거권자 과반수투표　▸ 투표자 과반수 찬성

**공포 ▶**
- 대통령이 즉시 공포

# ❷ 법률 제정·개정권

## 법률제정·개정의 의의

　법치국가에 있어서 법률은 모든 국가작용의 근거가 되므로 법률의 제·개정 및 폐지는 국회의 가장 중요하고 본질적인 권한입니다.

## ■ 입법절차

**제안 ▶**

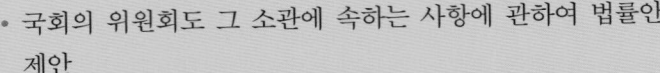

- 제안권자(국회의원), 제출(정부)
- 국회의원 : 10인 이상의 찬성
- 국회의 위원회도 그 소관에 속하는 사항에 관하여 법률안 제안
- 정부 : 국무회의 심의를 대통령이 서명하고 국무총리·관계 국무위원이 부서하여 제출

▶ 국회의원 10인 이상　　▶ 정부

**회부 ▶**

- 국회의장은 법률안이 발의 또는 제출되면 이를 인쇄하여 의원에게 배부하고 본회의에 보고한 후(폐회,휴회 등으로 보고할 수 없을 때에는 생략), 소관위원회에 회부하여 심사하게 함.

▶ 국회의장

**위원회 심사 ▶**

- 위원회는 회부된 법률안에 대하여 위원회 상정 → 제안자 취지 설명 → 전문위원 검토보고 → 대체토론 → 소위원회 심사보고 → 축조심사 → 찬반토론 → 의결(표결)의 순서로 심사

▶ 상임위원회

**법제사법위원회 체계 지구심사 ▶**

- 위원회의 심사를 마친 법률안은 법제사법위원회에 회부되어 체계·자구심사를 거치게 됨.

▶ 법제사법위원회

**전원위원회 심사 ▶**

- 위원회의 심사를 거치거나 위원회가 제안하는 의안 중 정부 조직에 관한 법률안. 조세 또는 국민에게 부담을 주는 법률안 등 주요의안에 대해서는 당해 안건의 본회의 상정 전이나 상정 후 재적의원 4분의 1이상의 요구가 있으면 의원 전원으로 구성되는 전원위원회의 심사를 거침.

**본회의 심의·의결 ▶**

- 체계·자구심사를 거친 법률안은 본회에 상정되어 심사보고, 질의·토론을 거쳐 재적의원 과반수의 출석과 출석의원 과반수의 찬성으로 의결됨.

**정부이송 ▶**

- 국회에서 의결된 법률안은 정부에 이송되어 15일 이내에 대통령이 공포함.

**대통령의 거부권 행사** ▶

- 법률안에 이의가 있을 때에는 대통령은 정부이송 후 15일 이내에 이의서를 붙여 국회로 환부하고, 그 재의를 요구할 수 있음.
- 재의 요구된 법률안에 대하여 국회가 재적의원 과반수의 출석과 출석의원 3분의 2이상의 찬성으로 전과 같은 의결을 하면 그 법률안은 법률로서 확정됨.
- 정부이송 후 15일 이내에 대통령이 공포하지 않거나 재의요구를 하지 않는 경우 그 법률안은 법률로서 확정됨.

**공포** ▶

- 대통령은 법률안이 정부에 이송된 지 15일 이내에 공포하여야 함.
- 법률로 확정되거나 확정법률의 정부이송 후 5일 이내에 대통령이 이를 공포하지 않을 경우 국회의장이 공포함.
- 법률은 특별한 규정이 없으면 공포한 날로부터 20일을 경화함으로써 효력을 발생함.

**개념 체크**

**국회의장**
국회를 대표하는 국회 의원. 국회의 질서를 유지하고 의사(議事)를 진행하며 국회의 사무를 감독한다.

**상임위원회**
국회에서, 각 전문 분야로 나누어 조직한 상설 위원회. 그 부문에 속한 안건을 입안하거나 심사하며 청원, 진정, 그 밖의 관계 사항을 심사한다.

**법제사법위원회**
법제·사법에 관한 국회의 의사결정기능을 실질적으로 수행하는 국회 상임위원회이다. 탄핵 소추에 관한 사항과 법률안·국회 규칙안의 체계·형식과 지구의 심사에 관한 사항도 관장한다.

## ❸ 예산안 심의

국회의 조약의 체결·비준동의권을 행사하는 것은 조약이 국민의 권리·의무와 국가 재정에 상당한 영향을 미칠 뿐 아니라 국내법과 동일한 효력을 가지므로 이에 대한 국민적 합의를 형성하기 위한 것입니다.

국회는 상호원조 또는 안전보장에 관한 조약, 중요한 국제조직에 관한 조약, 우호통상항해조약, 주권의 제약에 관한 조약, 강화조약, 국가나 국민에게 중대한 재정적 부담을 지우는 조약 또는 입법사항에 관한 조약의 체결·비준에 대한 동의권을 가집니다.

**톡(Talk)! 이언주의원**

주민들은 불편하거나 잘못 되는 것이 무엇 때문인지 잘 모르는 경우가 많아요. 그래서 이것이 행정업무 때문인지 아니면 진짜로 제도가 불합리한 것인지요. 만약 제도의 문제라면 그걸 고치기 위해서 국회의 원이 움직여야만 하는 경우가 많아요. 그래서 저는 지방행정에 관한 문제의 경우에는 단체장이나 시·도의원에게 전달해서 협의하는 편이고요, 제도의 문제면 제가 직접 움직이죠.

저는 지역구에서 아이디어를 많이 얻는 편이에요. 지역주민들의 하소연이나 민원을 듣고, 문제가 있다고 생각되는 점이 있으면 보좌진들과 함께 리서치를 해요. 어떤 제도 때문인지, 어떻게 해결할 수 있는지, 관련 법안은 어떤 것들인지 알아봐요. 그래서 관련 법안이 미비하거나 불합리해서라면 개정안을 발의하기도 하고, 관련 법안은 있으나 집행이 부당 혹은 부족한 생각이 들면 지적해서 바로 잡을 수 있도록 하죠.

# 일·생활 균형에 관한 법률안

저희 지역구 광명에는 젊은 엄마들이 참 많아요. 직접 얘기를 들어보니 직장을 관두게 된 가장 큰 이유로 '육아'와 '출산'을 꼽고 있었어요.

현재 출산전후휴가 90일 중 출산 후 45일 이상 사용하도록 규정하고 있는데 '일·생활 균형에 관한 법률안' 제정안에서 출산전후휴가를 120일로 확대했어요. 임신초기 유산등 산모의 위험에 대비해 출산전후 휴가를 사용할 수 있도록 한 것이에요. 그리고 남녀 의무육아휴직, 일명 "아빠의 달" 30일은 유급으로 육아휴직을 의무적으로 사용하고, 육아휴직과 육아기 단축 근로시간을 모두 사용가능하도록 했어요. 육아휴직을 원활히 이루기 위해 대체인력정보시스템을 구축·운영하고, 직장보육시설 확대방안 마련과 추진을 위해 복지부장관과 협의하여 '직장보육시설 확대협의체'를 설치하여 하도록 하는 근거조항을 마련하기도 했고요. 더불어 만 14세 이하 자녀의 양육 또는 학교교육과 관련하여 외출할 수 있는 '학부모 외출권'을 보장했습니다. 그 밖에 총리 소속으로 '일·생활 균형위원회'를 설치하여 5년 마다 기본계획을 수립하고, 일·생활 균형지원에 대한 상담서비스 및 프로그램 의 연구·조사, 교육·홍보를 위해 '일·생활균형지원센터'를 설치·운영토록 했어요.

저도 아이가 있는 워킹 맘이기에 시민 분들의 고민과 의견에 더욱 동감할 수 있었죠. 그 뒤 '일·생활 균형에 관한 법률안'을 만들고 발의를 한 거예요. 이런 부분에서는 제가 법률 활동을 했었으니 저의 장점을 십분 발휘한 거죠.

일·생활 균형은 개인, 혹은 한 가정의 문제가 아니라 국가적 차원에서 고민하고 지원해야 해요. 여성이 일을 포기하지 않아도 출산과 양육을 할 수 있는 시스템을 갖춰야만, 출산율을 제고하여 초고령 사회진입을 늦출 수 있어요. 양육환경 개선, 가족공동체와 지역공동체 활성화, 여성의 경제활동 참가확대 등을 통해 대한민국의 잠재성장률, 미래 성장 동력을 높일 수 있는 토대가 마련될 수 있길 바랍니다.

톡(Talk)! 송호창 의원

과거 왕권시대에는 왕의 말이 법이었어요. 이후 시민들 은 자신들의 권리를 보호하기 위해 입법권을 시민들이 선출 한 대표 즉 의회에 주었죠. 국회가 법을 만들게 된 목적은 시민들을 법이란 테두리로 보호하기 위함이죠. 변호사로 활동할 때도 여러 입법제안을 했지만 국회의원이 된 지금은 더 막중한 책임을 느껴요. 정말 필요한 입법은 시민들 의 일상생활 속에서 나오는데, 저는 시민들과 자주 대화를 나누고 의견을 듣고 있답니다.

## 통신비밀보호법 전부개정법률안

현재 모든 국민들이 스마트폰을 사용하고 있죠. 개인의 대화나 기록을 누군가 엿듣는 다면 일상생활 자체가 불가능할 거예요. 그만큼 통신비밀보호는 중요하고 특히 국가로부터 국민의 통신의 자유는 반드시 보장되어야 해요. 그런 측면에서 헌법은 통신 비밀을 국민의 기본권으로 보호하고 있고, 통신비밀보호법은 이를 세부적으로 규정하고 있어요.

현행 통신비밀보호법은 국가기관의 통신비밀 침해를 제대로 통제하지 못한다는 비판을 받아왔어요. 물론, 통신비밀의 예외가 필요할 때도 있답니다. 가령 유괴사건이 일어났을 때 수사기관이 신속히 범인의 위치를 파악할 필요가 있죠. 반면 여러분이 범죄를 저지를 수 있다는 이유만으로 여러분의 휴대폰 발신지 정보가 30분마다 수사기관으로 보내진다면 어떻게 될까요? 그것도 몇 달 동안이나요. 이렇듯 법과 현실을 조화시키는 것은 어려워요. 그래서 더욱 원칙이 중요한 거죠. 국가기관이 엄격한 요건으로 법집행을 할 수 있고 통신의 비밀은 철저히 보호해야 해요. 법안개정은 신중히 전문가들과 함께 논의하고 국민들의 생활에 미칠 영향도 충분히 고려해야 하고요. 이번 통신비밀보호법 전부개정안도 6개월 동안 연구하고 토론해 만들었어요. 이번 개정안으로 국민의 기본권이 제도적으로 충분히 보장될 수 있길 바랍니다.

## 재정에 관한 권한

　공정하고 투명한 국가재정의 운용을 위해 국회는 정부가 집행하는 나라살림의 감시자 역할을 하고 있습니다. 국회는 정부에서 편성한 예산안을 소관 상임위원회와 예산결산특별위원회의 심사를 거친 후 본회의에서 심의·확정합니다.

### ❶ 예산안 심의

- ▶ 예산은 회계연도에 있어서 국가의 세입·세출에 대한 예정입니다.
- ▶ 국회가 예산안을 심의·확정하는 것은 예산결정과정에 국민의 의사를 반영하는 것이며, 국가의 중대한 재정작용을 적절히 통제하여 그 효율성과 질을 제고하기 위한 것입니다.

톡(Talk)! 정호준의원

국회에서는 예산권을 가지고 있어요. 국회에서 의결한 예산 은 행정부뿐만 아니라 입법부, 사법부 등도 모두 포함되는데, 간혹 사소한 민원으로부터 시작되는 사항들이 있어요.

### 서울 중구 국립중앙의료원 이전 예산 삭감

　저희 지역구인 중구 을지로에 국립중앙의료원이 있어요. 서민의료기관으로서 역할을 하는 곳이죠. 가보면 할머니, 할아버지들이 굉장히 많이 계십니다. 중구에 있다고 해서 중구지역 분들만 오는 것이 아니라 지하철 2, 4, 5호선이 교차하고 버스 등 대중교통도 다양하게 다니는 교통의 중심이다 보니 다른 지역의 사람들도 많이 오세요. 할머니, 할아버지들에게는 저렴하고 좋은 의료서비스가 있는 곳이니까요. 그런데 정부 방침상 서초구로 이전을 한다는 거예요. 그렇게 이전을 하고나면 국립중앙의료원에서 진료를 받던 서민들이 서초구까지 가야 되고, 값비싼 의료비를 감당해야하는 부담도 커지게 될 것이거든요.

또한 이전을 하게 되면 국립중앙의료원은 서민의료기관으로서의 역할보다는 그 지역의 특성상 영리를 목적으로 진료할 것이 뻔했어요. 국가차원에서도 지역구 차원에서도 문제가 있어 보여서 이 문제를 제기해 주신 분들과 함께 해결을 봤었죠. 의료원의 이전을 하기 위해서는 단순히 이삿짐을 싸는 이전 비용뿐만 아니라 위치나 적합도 등이 타당한지 타당성 조사부터 시작하거든요. 그 비용만 해도 몇 억 가까이 되는데, 그에 대한 예산을 삭감했습니다. 국립 중앙의료원 이전에 관련된 예산비용을 삭감하게 되면 이전을 위한 움직임이 시작부터 순조롭지 못할 테니까요. 행정부가 그릇된 결정을 내리면 국회는 이러한 방식으로 견제하기도 합니다.

## ❷ 결산심사

▶ 결산은 국가의 수입·지출의 실적을 확정적인 계수로 표시한 것입니다. 국회는 결산심사를 통해 정부의 예산집행에 대한 정치적 책임을 밝히고, 장래의 재정계획과 그 운영에 중요한 자료를 제공합니다.

## ❸ 기금심사권

▶ 기금은 국가가 특정한 목적을 위하여 특정한 자금을 운용할 필요가 있을 때 법률에 의하여 설치하고, 세입세출예산에 의하지 아니하고 운용할 수 있는 자금입니다. 국회는 기금운용계획안과 기금결산에 대한 심사권을 가집니다.

## ❹ 재정입법권

▶ 조세법률주의에 따라 조세의 종류와 세율 뿐 아니라 과세대상, 과세표준, 납세의무의 한계 등을 법률로써 규정합니다.

## 일반국정에 관한 권한

국회는 국민의 대표자로서 정부에 대한 각종 통제권한을 행사합니다. 국정 전반을 감시하는 국정감사는 매년정기회 집회일 이전에 감사시작일로부터 30일 이내의 기간을 정하여 실시하며, 본회의의 의결이 있을 경우에는 정기회기간 중에도 실시 할 수 있습니다. 국정감사 외에 의원들의 요구가 있을 때 특정 사안에 대해 국정조사도 실시합니다.

이 밖에 국무총리, 대법원장, 헌법재판소장, 감사원장, 국무위원 등을 임명하기 전에 자질을 검증하는 인사청문회도 개최합니다.

### ❶ 국정감사 · 조사원

▶ 국회는 국정감사·조사를 통해 국정운영의 실태를 정확히 파악하고 입법과 예산심의를 위한 자료를 수집하며 국정의 잘못된 부분을 적발 시정함으로써 입법·예산심의·국정통제 기능의 효율적인 수행을 도모합니다.

### ❷ 헌법기관 구성원

▶ 대법원장·헌법재판소장·국무총리·감사원장·대법관 임명동의권, 헌법재판소 재판관 3인 및 중앙선거관리위원회 위원 3인 선출권

### ❸ 탄핵소추권

▶ 대통령을 비롯한 고위직 공직자를 대상으로 그 법적인 책임을 헌법이 정하는 특별 한 소추절차에 따라 추궁함으로써 헌법을 보호하는 제도입니다.

톡(Talk)! 이종훈 의원

국회의원은 국정감사를 하기 위해서 특별위원회 또는 상임위원회를 조직해서 국정의 특정사안에 관하여 조사를 하고 있어요. 총 16개의 상임위원회와 수시 또는 임시로 특별안건을 조사하기 위하여 구성되는 특별회가 있는데, 저는 그 중에서 환경노동 위원회에 속해 있어요.

## 건설공제회 보좌관 골프접대 폭로

건설공제회는 건설근로자공제회의 줄임말로 380만 명의 건설근로자들이 매일 4200원씩 납부해 운영되고 있어요. 그런데 이를 가지고 전·현직 국회의원들의 보좌관에게 비리접대를 하더군요. 그래서 국정감사가 시작되기 전에 건 설공제회 임원의 업무추진비 사용내역들을 살펴보았고, 늘 골프장 근처에서 식사를 한다는 점, 전·현직 보좌진들과의 회동이 있었다는 사실까지 알아냈죠. 이를 국정감사 때 지적했고요, 끝까지 부정하는 책임자에게 인정을 받았어요.

국정감사를 준비하면서 건설공제회의 문제가 하나씩 드러날 때마다 분노했어요. 새누리당 소속임에도 불구하고 피감기관의 문제를 이렇게까지 파헤친 것은 국회에 첫 발을 내딛을 당시 '일하는 사람이 행복한 사회를 실현하겠다.' 는 저와의 약속을 지키기 위해서였어요. 여당 의원이라도 정부가 잘못한 것은 국민들을 대신해서 지적해야 할 문제니까요.

# 외교에 관한 권한

국회가 주요 외교 현안을 논의하기 위해 펼치는 의회외교는 한반도의 평화체제 구축과 상호간 이해증진, 국가 간 협력증진에 기여하고 있습니다. 의회외교는 국회의장 의회정상외교와 국회의원 해외공식방문, 의원외교단체의 활동, 국제회의 참석 및 개최, 주요외국인사 초청 등 여러 형태로 추진됩니다.

## ❶ 초청외교활동

- ▸ 국회 및 행정부 주요인사의 예방 및 면담
- ▸ 산업시설 및 문화 사적지 시찰 등

## ❷ 방문외교활동

- ▸ 방문국 의회 및 정부 주요인사 면담
- ▸ 산업체 및 교육·문화시설 등 시찰

## ❸ 국제회의 참석

- ▸ 주요의제에 관한 연설, 토론 및 표결참가
- ▸ 국제회의에 참석한 외국의회 주요인사 면담 등을 통한 네트워크 구축 등

톡(Talk)! 김상민의원

# '**K-MOVE**' 실현을 위한 첫 해외시찰

저는 외교 활동의 일환으로, 대한민국의 경제영토를 확장하고 경제 한류를 목적으로 만든 포괄적 청년 해외 진출 지원 프로젝트이자 2012년 대선 당시 새누리당의 대표적 청년 공약인 K-MOVE의 실현을 위해 필리핀을 방문했었어요. 3박 4일의 짧은 일정이었지만 현지의 한국 공공기관, 활발하게 활동하고 있는 방송인과 세계한인벤처네트워크 관계자, 국제학교 이사장 등을 만나서 한국 청년들의 실제적인 현지 정착 실태에 대해서 들을 수 있었고, 이를 통해 K-MOVE 정책의 실현가능성을 확인할 수 있던 시간을 보냈었지요.

지금까지 우리나라에는 전 세계로 나아가 창업과 취업을 하고 싶은 인재들이 많음에도 불구하고 해외의 창업, 취업, 봉사활동에 대한 구체적이고 검증된 정보와 교육에 대한 프로그램과 국가의 정책적 지원이 부족했지만, 이제는 K-MOVE를 통한 해외진출이 우리 대한민국 청년들의 새로운 문화가 되었으면 해요. 앞으로도 이 프로젝트를 담당하고 있는 고용노동부에서 각 나라에 성공적으로 정착한 우리 젊은이들의 사례를 발굴하여 K-MOVE 정책을 성공적으로 진행할 수 있도록 열심히 돕고 노력하려고 해요.

이처럼 국회의원은 외교 활동을 통해 세계 각국과의 협력 방안을 강구하고 도와 우리나라의 발전방안을 연구하는 일을 합니다.

# 국회로 가는 길

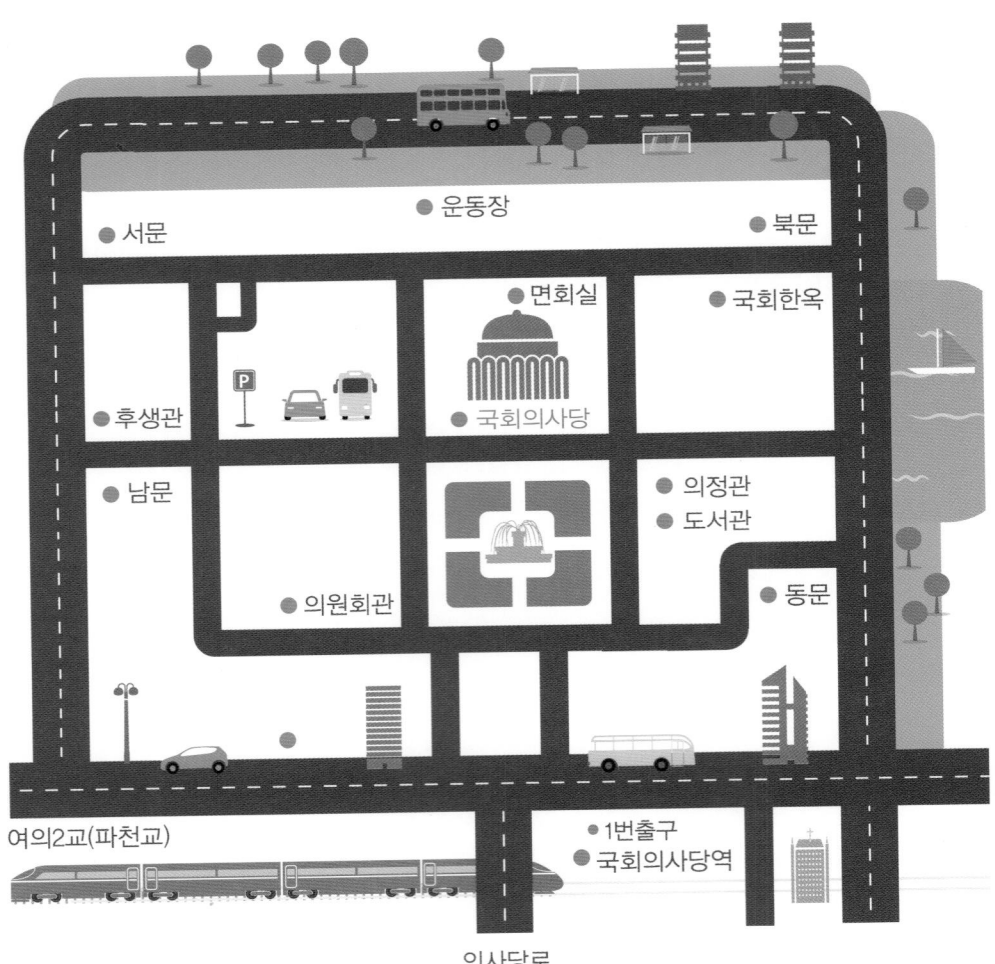

# 교통수단별 찾아오는 법

## 지하철

9호선 국회의사당역 1번, 6번 출구로 나와 도보
5호선 여의도역 5번 출구로 나와서 버스 환승

## 버스 : 국회의사당역 하차

| | |
|---|---|
| Y (노랑색) | 61 |
| B (파랑색) | 153, 162, 260, 262, 263, 362, 461, 8153(맞춤) |
| G (녹색) | 5615, 5618, 6623, 7613 |
| 공항 (하늘색) | 6030 |
| G (빨강색) | 10(부천), 70-2(부천), 108(고양), 1002(김포), 7007-1(광주), M7613(광주) |

## 국회 순환버스 이용안내

국회의사당 본관 면회실 앞 ☞ 국회의원회관 앞 ☞ 국회도서관 앞 ☞ 여의도역 3번출구 앞 ☞ 국회도서관 앞 ☞ 국회의사당 본관 면회실 앞 ☞ 국회의원회관 앞

··· **운행시간 : 09:00~16:20** (공휴일 제외)

··· **배차간격 : 20분마다** (국회의사당 안내실 앞 출발)

※ 12:20, 12:40은 운행하지 않습니다.

※ 초저상 장애인 버스 운행시간 : 09:00, 11:40, 13:20, 15:40

## 주차장 이용안내

국회교통체계 개편에 따라 국회 경내에는 공무차량과 장애인 등 보호대상차량에 한하여 주차를 할 수 있으며, 국회 참관객 차량은 국회 둔치 주차장을 이용하시기 바랍니다.

단체 참관객의 버스는 동문과 남문으로 출입하여 참관인을 하차시킨 후 국회 둔치 주차장에 주차하여 주시기 바랍니다.

# 우리에게 가장 가까운 존재, 국회의원

대표자들은 구성원들에 의해 선출된다. 그들은 우리 학급이 우수할 수 있도록 앞장서고, 전교생이 학교생활을 편하게 할 수 있도록 도우며, 국민이 행복하게 살아갈 수 있도록 힘쓴다. 우리 학급을 대표하는 사람은 반장, 우리학교를 대표하는 사람은 전교회장이다. 그렇다면 우리 국민을 대표하는 사람은 누구일까? 바로 국회의원이다.

국회의원은 아무나 할 수 없다는 말은 옛말이 된지 오래다. 정치계에 오랜 세월 몸을 담거나 법·정치관련 전공을 해야 할 수 있다는 그 직업은 대한민국 국민이라면 누구나 할 수 있게 되었다. 특히 19대 국회의원들의 경우, 초선의원만 147명에 이르고 전공학문은 다양하게 분포되어있다.(19대 국회의원들의 커리어패스 살펴보기 참고) 즉, 국민을 대표하는 사람이 될 수 있는 길은 모든 사람에게나 열려있다는 것이다.

진로를 고민하고 있는 청소년들에게 보다 깊은 정보를 주기 위해서 우리 국민을 대표하는, 우리에게 가장 가까운 존재, 국회의원 5명을 만나 현실적인 이야기를 들었다.

## ❶ 김상민의원

새누리당 청년비례대표로 국회의원에 당선된 그는 열정이 가득한 사람이었다. 생동감 넘치는 인터뷰를 했던 김상민의원은 국민을 대표하는 국회의원인 자신이 더 많이 노력해야 한다고 했다. 이에 힘을 실어주듯 김상

민의원의 방 곳곳에 의원직을 하면서 직접 기획한 행사의 결과물들이 전시되어 있었다. 이는 의원실 분위기도 마찬가지였다. 유쾌한 인사말과 자유롭고 생기발랄한 모습들이 매우 인상적이었다.

## ❷ 송호창의원

국민들 사이에서 미남 국회의원으로 불리는 그는 타이틀이 가볍게 여겨질 만큼 신념이 뚜렷한 사람이었다. 대학시절부터 한결같이 민주화를 위해 달려온 송호창의원은 인터뷰 내내 군더더기 없는 말투로 옆집 아저씨 같

은 편안함을 자아냈다. 실제로 지역주민들과 산행 및 술자리를 자주 즐긴다는 송호창의원은 시민의 대변자가 되어 국회의원으로서 역할에 충실하겠다는 말도 덧붙였다.

### ❸ 이언주의원

인터뷰했던 5명의 의원들 중 홍일점이었던 그녀는 당차기만 할 것 같은 이미지와는 달리 소탈한 모습을 보였다. 인터뷰를 진행하는 내내 솔직하기만 했던 이언주의원은 롤러코스터 같았던 자신의 삶에도 올라갈 곳은 있었다면서 중·고등학생들에게 절대 쉽게 지치지 말라는 말을 전해달라고 했다. 국회의원으로서의 포부를 얘기하던 중 자신의 아이에게 행복한 국가를 만들어주고 싶다며 활짝 웃던 이언주의원의 미소가 생생하기만 하다.

### ❹ 이종훈의원

오랜 시간 정책연구원으로, 대학교수로 지내온 그는 예능 감으로 똘똘 뭉친 반전의 사나이였다. 국회의원이 되어 가장 좋은 점이 무엇이냐는 물음에 이종훈의원은 이제껏 정책연구만 하다가 직접적으로 일을 진행할 수 있다는 것이 가장 기쁘다고 했다. 무엇이든 직접 발로 뛰며 문제를 해결해야 편히 잠들 수 있다던 이종훈의원은 지역구와 국회를 자주 오가느라 절로 살이 빠진다는 농담도 잊지 않았다.

## ⑤ 정호준의원

할아버지와 아버지의 뒤를 이어 3대
째 국회의원직을 맡은 그는 부담의 무
게만큼이나 책임감을 느끼지만 나 스
스로가 더 노력하면 되지 않겠냐면서
무한긍정의 에너지를 내비쳤다.

특히, 젊은 나이에 시작한 정치인생
인만큼 하고 싶은 것이 많아서 직접 신

경써가며 면접을 통해 보좌진들을 구성했다고 했다. 실제로 정호준의원은 의정활동
을 하면서 든든함을 많이 느낀다며 인터뷰 내내 의원실 식구들의 자랑을 아끼지 않
았다.